苏东坡传

慕素容 著

© 民主与建设出版社，2023

图书在版编目（CIP）数据

苏东坡传 / 慕容素衣著 . -- 北京：民主与建设出版社，2023.9

ISBN 978-7-5139-4272-0

Ⅰ.①苏… Ⅱ.①慕… Ⅲ.①苏轼（1036-1101）－传记 Ⅳ.① K825.6

中国国家版本馆 CIP 数据核字（2023）第 114008 号

苏东坡传
SUDONGPO ZHUAN

著　　者	慕容素衣
责任编辑	彭　现
封面设计	言　成
出版发行	民主与建设出版社有限责任公司
电　　话	（010）59417747　59419778
社　　址	北京市海淀区西三环中路 10 号望海楼 E 座 7 层
邮　　编	100142
印　　刷	天宇万达印刷有限公司
版　　次	2023 年 9 月第 1 版
印　　次	2023 年 9 月第 1 次印刷
开　　本	880mm×1230mm　1/32
印　　张	9.5
字　　数	150 千字
书　　号	ISBN 978-7-5139-4272-0
定　　价	42.00 元

注：如有印、装质量问题，请与出版社联系。

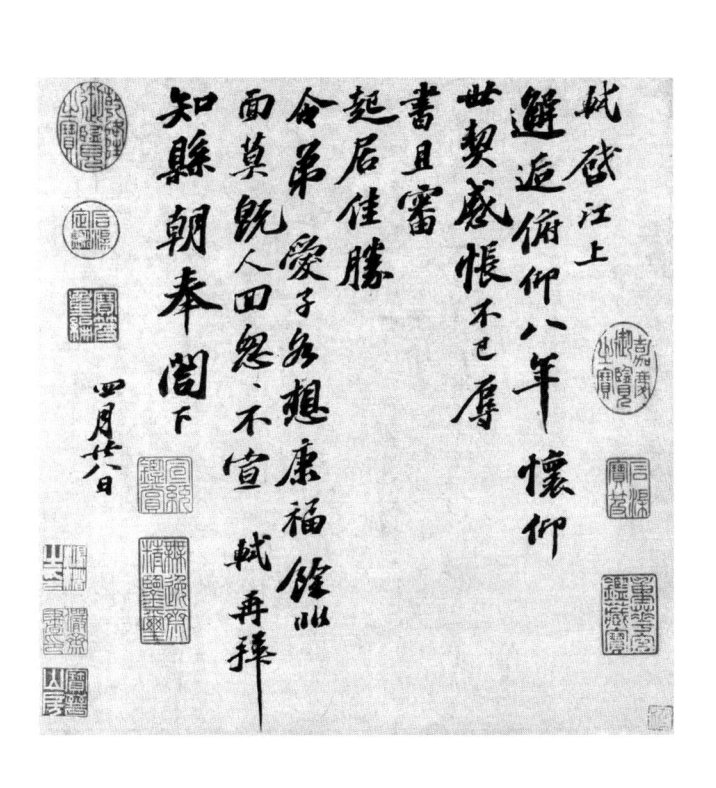

轼启江上邂逅俯仰八年怀仰世契感怅不已厚书且审起居佳胜令弟爱子各想康福隆此面莫既人凹怨不宣轼再拜
四月廿日
知县朝奉阁下

《江上帖》台北故宫博物院藏

《洞庭中山二赋》（局部）吉林省博物院藏

《李白仙诗卷》日本大阪市立美术馆藏

《新岁展庆帖》故宫博物院藏

目录 CONTENTS

第一章　面对变故——修得一颗淡定心

　　风波恶：大宋第一文字狱　　　　　　　　002

　　众生相：谁在迫害，谁在营救　　　　　　011

　　"罪"与罚：乌台一百三十天　　　　　　　020

第二章　面对低谷——修得一颗平常心

　　躬耕东坡：在荒地上开垦出一片桃花源　　030

　　作个闲人：人生需要松弛感　　　　　　　040

　　雨中绝唱：从《寒食帖》到《定风波》　　050

　　三咏赤壁：赤壁下的涅槃　　　　　　　　059

第三章　面对敌人——修得一颗宽容心

与王安石：从公已觉十年迟　　　　　　　　070

与章惇：为何旧知己，在最后，变不到老友　081

与吕惠卿、程颐：迂夫子和真小人一样可恶　091

第四章　面对漂泊——修得一颗安定心

眉州：我家江水初发源　　　　　　　　　102

杭州：故乡无此好湖山　　　　　　　　　110

惠州：不辞长作岭南人　　　　　　　　　118

海南：家在牛栏西复西　　　　　　　　　128

第五章　关于家人——修得一颗温暖心

与苏洵：知子莫若父　　　　　　　　　　138

与苏辙：夜雨对床空负约　　　　　　　　147

与苏过：多年父子成兄弟　　　　　　　　158

第六章　关于爱情——修得一颗柔软心

与王弗：十年生死两茫茫　　　　　　168

与王闰之：生同衾，死同穴　　　　　176

与王朝云：嫁得才人胜帝王　　　　　186

第七章　关于友谊——修得一颗慷慨心

与欧阳修：文坛盟主薪火相传　　　　198

与苏门学士：大宋最耀眼的朋友圈　　209

异代知己：只渊明，是前生　　　　　221

第八章　关于生活——修得一颗欢喜心

吃货东坡：人生有味是清欢　　　　　232

佳茗似佳人，薄酒可钓诗　　　　　　242

护花使者：只恐夜深花睡去　　　　　252

第九章　关于归宿——修得一颗光明心

　　南渡北归，心如明月　　264

　　最好的告别是坦然面对死亡　　273

　　坡仙：可供模仿的理想人格　　281

附录

　　苏轼生平大事记　　290

　　阅读及参考书目　　293

第一章 面对变故——修得一颗淡定心

苏东坡的一生,是坎坷的一生。他像他所景慕的魏晋名士那样,在死亡的威胁和生命的重压之下也展现了淡定的一面。

风波恶：大宋第一文字狱

宋神宗元丰二年，七月二十八日，浙江湖州。

初至湖州的苏轼，尚沉浸在痛失好友的哀悼中不能自拔，他的好朋友文同①已于这一年正月过世。文同以画竹名世，也曾在湖州为官，并开创了"湖州竹派"，世称文湖州。苏轼与他志同道合，两人都是竹痴，胸有成竹的成语就源自苏轼对文同的描述，他后来喜画竹，毫无疑问也是受文同的影响。两人同为巴蜀老乡，漂泊在凤翔时订下交情，相交十几年，感情格外深厚，苏轼曾说：与可于予亲厚无间，一日不见，使人思之。

骤闻文同去世的消息，苏轼痛哭了三日，一连几天都食不下咽。文同曾送了一卷手绘的《偃竹图》给他，七月二十八日这天，苏轼正在衙中庭前，展开好友的遗作细细赏鉴，文同之竹，妙绝天

---

① 文同（1018—1079）：北宋画家、诗人。字与可，自号笑笑先生，永泰（今四川盐亭东北）人。官知湖州知州，未到任而卒。世称"文湖州"。擅画墨竹，创叶面深墨、叶背淡墨之法，主张画竹先当"胸有成竹"，有"湖州竹派"之称。著有诗文集《丹渊集》。——后文若无特殊说明，皆为编者所注

下，萧萧落落，疏朗中有挺拔之姿，数尺中有万丈之势，深得画竹之三昧。可惜如今墨迹如新，而故人已逝，苏轼睹画思人，不禁掩卷落泪。

正在此时，外面传来了一阵喧闹的声音，有门子来报，说吵嚷的是一队差吏，来自汴京。

汴京两个字如同一声惊雷，惊醒了还在伤感的苏轼，尽管早已得知风声，他还是没想到逮捕他的人竟来得如此之快。

听门外那气势汹汹的阵仗，他的前半生，何曾有过这样的经历，惊惶之下，他慌忙躲到了后衙，不知道该如何应对。恰好湖州通判祖无颇也在，便劝他事已至此，只能出去见台吏。苏轼此时已六神无主，又问该穿什么衣服，祖无颇安慰他说，既然还不知道是什么罪名，那就应当穿朝服相见。

苏轼换好朝服出来，见奉旨前来的皇甫僎[①]身着靴袍，手拿笏板，一脸严肃，身后站着两位台卒，白衣青巾，面目狰狞，那种凶神恶煞的作派如同乌云压头、山雨欲来，让人喘不过气来。

吏卒们一言不发，更加让现场的气压低了几分，最后，还是苏轼开口请求："我自知有很多地方都触怒了朝廷，想必今天肯定是死罪，还求降罪之前，能和家人诀别。"

皇甫僎面沉如水，只冷冷地说了四个字："不致如此。"

[①] 苏轼在《杭州召还乞郡状》说："定等选差悍吏皇遵，将带吏卒，就湖州追摄，如捕寇贼。"北宋人孔平仲在《谈苑》里说："于是太常博士皇甫僎被遣以往。"复旦大学教授王水照在所著《苏轼传》引用的是皇甫遵。本书作者则用皇甫僎。

在祖无颇的质疑下，皇甫僎才出示了一份追摄苏轼的公文，然后不容苏轼与家人从容告别，就催促他速行。两个吏卒闻令上来，用绳子将苏轼捆了起来，身为湖州最高长官①的苏轼，就像鸡犬一样被驱逐上路。这时距他知州湖州，才三月。

家人号泣着追了上来，苏轼虽在惊惶之中，却还竭力保持着一贯以来的幽默感。这种情境之下，他也不知道说什么好，只得拿听朋友讲的一则笑话来宽慰夫人：

从前宋真宗召隐士杨朴为官，等到杨朴入朝，真宗问他："你离家时，有人赠你诗吗？"

杨朴说："只有臣妻一首：更休落魄贪杯酒，且莫猖狂爱咏诗。今日捉将官里去，这回断送老头皮。"

真宗大笑，于是放他还山。

家居闲话时，苏轼曾将这个故事说给王闰之夫人听过。

临行之际，他突然灵机一动，对夫人说："你就不能学杨朴的妻子那样，作首诗送给我吗？"

---

① 苏轼一生至少有四次到访湖州。第一次，1072年冬，苏轼任杭州通判，受江南转运司差遣，相度湖州至松江的堤堰。第二次，1074年9月，苏轼路过湖州，与诗人张先等六人聚宴，《六客词》记叙了这次雅会。第三次，1079年4月，苏轼在湖州任太守，官衔为尚书祠部员外郎直史馆权知湖州军州事。到任仅三个月，七月底就因"乌台诗案"被御史台派人逮捕进京。第四次，1091年，苏轼由杭州知州升迁吏部尚书翰林学士，进京途中奉旨视察湖州、苏州水灾，与曹子方、刘景文等文人在湖州欢聚。此处是指苏轼第三次到访湖州期间发生的事情，此时他担任湖州太守。

断送头皮的生死大事，也能当成个段子讲出来，魏晋名士推崇的那种泰山崩于前而色不变的气度，在苏轼身上听到了遗响。

惊慌之中的王夫人被他逗得破涕为笑，吏卒则恶狠狠地把苏轼拉出了门，顷刻间出城登船而去，沿途的百姓见他们敬爱的太守被五花大绑，狼狈不堪，都伤心得为之垂泪。

这大概是苏轼一生中少有的惶恐时刻，用狼狈两字都已经很难形容。其实，神宗的初衷只是将他押解回汴京询问，但皇甫僎等人完全将他当成犯了死罪的犯人来对待。

他们精心营造的恐怖气氛相当成功，苏轼的家人被吓了个半死，家中二十几口人连夜乘船去投奔苏辙，谁料官差竟紧跟不舍，将船上的物品翻了一个底朝天，素来温顺的王闰之惊怖之下，埋怨说这都是因为苏轼爱写诗，书成了一无所得，平白惹下了如此大祸，于是一把火将他的著作都烧了。

苏轼在被押解回京的船上，越想越怕，最怕的就是连累亲朋好友，在行经太湖时，他甚至想跳水自杀，一了百了，幸好被吏卒拉住了，有人劝他，如果未经审讯而自杀，必定会严惩亲友。想到这里，他才打消了投水的念头。此刻，他的心情就如起伏不定的湖面一样，生平头一次认识到了什么叫作江湖风波恶、人间行路难。

八月十八日，苏轼被押解至京，关进了御史台的监狱里，因御史台前种满了柏树，乌鸦喜欢聚集在柏树之上，因此又被称为乌台。苏轼的这段牢狱生涯，史称"乌台诗案"。

众所周知，乌台诗案是苏轼一生中至关重要的转折点，这段公案的始末，留待下文再揭晓，我们首先来了解一下几个重要的问题。第一个问题：这桩案件的性质是什么，也就是苏轼是因何入狱的。

所谓诗案，也就是指苏轼因诗文获罪，所以乌台诗案，也就是后来我们熟悉的文字狱。

乌台诗案不管是当时还是事后，都备受关注，它不是我国最早的文字狱，但绝对是大宋开国以来名气最大的文字狱。

文字狱在大宋本就罕见，宋朝太庙的誓碑中就明确写着"不得杀士大夫及上书言事人"的话，所以宋朝的士大夫日子相当好过，不仅高官厚禄养着，还可以肆意议论朝政，不像明清时期，文字狱蔚然成风。

清朝顺治、康熙、雍正、乾隆四朝，共兴文字狱一百六十六起，处死了二百多人，牵涉三千多人。乌台诗案之所以引起关注，正因为它打破了宋太祖"不以言语罪人"的诏令，计原本言论自由的风气为之一紧。

这场诗案的导火索就是苏轼初知湖州时写的谢上表，其中有"知其愚不适时，难以追陪新进；察其老不生事，或能牧养小民"的句子，对于苏轼的这句话，御史是这样理解的：苏轼用"新进"和自己相对，而又说自己"不生事"，是不是在暗示"新进"官员"生事"呢？他们又从苏轼写的诗中找出诸多证据，指证他"谤议朝政、诋毁新法"。

这就显示出乌台诗案和明清文字狱最大的不同之处，前者的背景是党争，针对的是政敌，后者则是无差别打击，一个默默无闻的书生脱口吟上一句"清风不识字，何故乱翻书"，都会被扣上不忠的帽子。

李一冰[1]在传记中将苏轼看成是"新旧党争的代罪羔羊",诚哉斯言,从这个角度来看,苏轼的确是新旧党争的牺牲品。关于新旧党争,后文还将论及,这里先不展开了。我们只需要了解到,在政治态度上来说,苏轼属于保守派,也就是通常所说的旧党。

那么第二个问题来了,旧党中那么多人,为何被打击的是苏轼?

一言以蔽之——枪打出头鸟。

反对新法的人虽然多,但备受关注的就是苏轼。一是他名气很大,二十出头就和弟弟双双中了进士,又被当时的文坛领袖欧阳修钦点为接班人,之后虽然因为反对新法,不容于执政者,但俨然已成长为新一代的文坛盟主,后来为大家所瞩目的"苏门学士集团"已初具雏形,他写的诗,连外国使臣都争相传阅。论诗文传播之广,文学声誉之隆,这一点连旧党领袖司马光也比不上,毕竟司马光是以道德文章见长的,就好比超级畅销书作家和学术宗师的区别。

二是,他嘴巴很"大"。旧党中不乏像司马光、张方平[2]之类的股肱之臣,但他们都是老成持重之辈,相对来说较为谨言慎行。

---

[1] 李一冰(1912—1991):原名李振华,浙江杭州人,原籍安徽,毕业于浙江私立之江大学经济系,著有《苏东坡新传》。
[2] 张方平(1007—1091):字安道,号乐全居士,应天府(今河南商丘)人。著有《乐全集》四十卷、《玉堂集》二十卷。事见《东都事略》卷四七、《东坡后集》卷一七《张文定公墓志铭》。《宋史》卷三一八有传。

如司马光在数次上疏反对新法无效后，就主动避居西京洛阳，埋头去修他的《资治通鉴》，对朝廷之事不再置喙。

苏轼就不一样了，他这个人性格爽快，遇到讨厌的人和事"如鲠在喉，不吐不快"，又正当年富力强，平时最喜欢做的事就是指点江山、激扬文字，不管是他自己，还是新旧两党，可能都已将他看成反对新法的旧党"喉舌"，平常光嘴里和朋友们吐槽一下就算了，他偏偏还要形之于文，鼓动四方，这对新党来说就属于是可忍孰不可忍了。

研究苏轼的学者朱刚[①]还指出了一个重要的因素，那就是宋代雕版工艺的成熟扩大了苏轼的影响力，这种扩大，是以数倍甚至数十倍计的。在宋以前，书籍的印刷还不普遍，即使是像白居易这样家喻户晓的大诗人，所写的诗影响力也有限，可能只限于小圈子里传读，传到民间的寥寥无几。宋代就不一样了，有了活字印刷术，当世才子们的诗词文选，才得以大量印刷，降低成本，使更多人买得起，流传得更快更广。

苏轼到杭州任官后，杭州的出版商马上就抓到了机会，将苏轼在杭州的作品搜罗为集，并雕版印刷，名为《苏子瞻学士钱塘集》。这部集子卖得很火，出版商们又追加投入，在元丰初年推出升级版《元丰续添苏子瞻学士钱塘集》。讽刺的是，御史台的人也买了这部集子，不是为了一见苏学士的文学风采，而是为了在里面仔细搜罗罪证，倒为他们省了不少功夫。

---

① 朱刚：复旦大学中文系教授，出版有《苏轼评传》（合著）、《苏轼十讲》。

"舆论"一词的出现,有考的年代大概是南北朝时期。但宋代以前,以文人为代表的制造舆论的群体,其影响力还很有限,多集中于社会的上层之间。根据朱刚教授的说法,到了宋代,文人士大夫的影响逐渐扩大,尤其是以苏轼为代表的文坛盟主,其影响不再局限于朝堂之上,更是扩散到了民间。关于他罹罪的原因,曾是他政敌、后来化敌为友的"洛党"名臣刘安世[①]一针见血地指出:"东坡何罪,独名太高,与朝廷争胜耳。"可见苏轼当时的影响力已经足够"与朝廷争胜",这样的人,是很容易被执政者看成危险分子的。

另外还需注意的是,从变法以来,苏轼一直都在旗帜鲜明地和新党们唱反调,为何直到元丰年间,才被抓入狱?

这是因为从熙宁到元丰,时局已经发生了很大的变化。熙宁变法的主导者是王安石,那时宋神宗还是个初出茅庐的年轻人,虽然视王安石为恩师,但还是听得进异议的。那时,关于新法的争论只是不同政见,苏轼曾直接上神宗万言书,慷慨激昂地分析新法的弊端,神宗不仅没有贬斥他,还特意面召亲自听取他的意见。王安石虽不满他的做法,也不过是劝皇帝不要重用他,将他调离权力中枢。

到了元丰年间就不一样了,这时王安石已两度罢相,变法真正

[①] 刘安世(1048—1125):字器之,号元城、读易老人,魏州元城县(今河北省大名县)人,以直言进谏闻名。洛党指宋哲宗元祐年间,反对王安石新法的朝臣三党之一,以程颐为首,主要成员有朱光庭、贾易、刘安世等。因程颐是洛阳人,故称。

的主导者成了神宗本人。

从熙宁到元丰，神宗为了推行新法，任用的不是拥护新法的人如蔡确，就是保持中立的如吴充。这时候新法已经被视为庙谟国是，不容任何质疑，对新法的任何非议都会被看成是对皇帝本人的挑战，这也是神宗为何在熙宁年间对苏轼还赏识有加，却在元丰年间毫不犹豫地将他扔进大牢的根本原因——他挑战了皇帝的权威。

后来大理寺给苏轼定下的结案呈词是"谤议朝政"，议则有之，谤则未必，同样是议论朝政，到底是解读为关心国是，还是诽谤朝廷，这在很大程度上取决于君主的个人判断。诗可以"刺"本是传统，但一旦遇到闭目塞听、一意孤行的执政者，刺就成了谤。

从这件事中也彻底暴露了苏轼的"不识时务，不合时宜"，本来绝顶聪慧的他，始终还是缺乏了一点儿对局势的判断，迟迟没有察觉到时移世易，依旧在那儿愤世嫉俗地写诗著文，在御史台诸人眼中，喋喋不休的他和哇哇乱叫的乌鸦没什么区别，整天发出难听的声音，非除之而后快不可。

天罗地网已经布下，被关进了监狱的苏轼是否逃得过此劫？

众生相：谁在迫害，谁在营救

与江湖相比，朝堂虽然不大，却有着最深的旋涡。处于乌台诗案这个旋涡中心的自然是苏轼，从中心往四周扩散，波及神宗年间朝堂之上的一大批人，下面我们就透过乌台诗案，来看看北宋众生相。

首先冲入眼帘的自然是那伙告密者和揭发户，他们正是旋涡的制造者。请注意这个"伙"字，因为告密的不止一个，而是一群，他们好比苍蝇一样，非要成群结队才能以壮声势。

率先发难的是沈括，这位《梦溪笔谈》的作者，北宋最有名的科学家、博物家，却是乌台诗案的"始作俑者"（李一冰语）。人们可能很难想象，博学多才的沈括，在《宋史》中哲宗朝宰相蔡确对他的评价是"首鼠乖剌，阴害司农法"，可见其名声不佳。

苏轼在杭州任通判时，正好沈括被派为两浙路察访使，他主动接近苏轼，表面上看来，两人交情日密。返京时，沈括请求苏轼手录近作诗一通，说是要留作纪念，苏轼没有怀疑，爽快地写了。岂料沈括别有用心，将苏轼的诗当成了诽谤新法的罪证，偷偷面圣密告他"词皆谤讪"。当年的神宗还有容人之心，对此置之不问。朝中有人将此事转告给苏轼，他只是淡淡一笑说："今后不愁没有人将我的作品呈给皇上看了。"

苏轼不计较，我们这些读者却很难原谅沈括。这不仅是因为他为后来的御史台群凶树立了一个不良示范，更因为苏轼本来视他为朋友，他却辜负和利用了朋友的信任，与路人的攻击相比，朋友的背叛更让人不寒而栗。所谓交情，在小人那里只不过是升官发财的筹码。当东坡复起以龙图阁学士的身份知杭州时，他居然又一次主动交往论旧热络如初。

有了沈括教科书式的示范，元丰二年御史台那伙人要对苏轼下手时，搜罗起他的"罪证"来就驾轻就熟了。

御史台，本应是劝谏皇帝、制约权力的机构，但经历"乌台诗案"后，皇帝的权威开始逐渐加强，朝廷也越来越不容许有异议发声，而苏轼这个"大嘴巴"，是无论如何都要发出异议的。他秉承的，仍然是宋以来士大夫一直追求的大忠，将忠道放在忠君之上，当他觉得皇帝的所作所为违背了他所尊崇的道统时，那就有必要批评时政、提醒皇帝。

于是，御史台出手了，吸取了上次沈括失败的教训，这次他们不是一个人在战斗，而是群起而攻之。

打头阵的是监察御史里行何正臣，就是他从苏轼的《湖州谢上表》中，挑出"知其愚不适时，难以追陪新进；察其老不生事，或能牧养小民"这句，给苏轼扣了顶"愚弄朝廷，妄自尊大"的帽子，又上疏称："一有水旱之灾，盗贼之变，轼必倡言归咎新法，喜动颜色。轼所为讥讽文字，传于人者甚众。今独取镂版而鬻于市者进呈。"

接着出手的是同样身为监察御史里行的舒亶，特意进札子说：

"臣伏见知湖州苏轼进谢上表,有讥切时事之言。流俗翕然,争相传诵,忠义之士,无不愤惋。"

舒亶罗织罪名的本事,可比何正臣高明得多,他把苏轼在钱塘出版的那部集子拿了来,一一对照,逐篇批注,务必从字里行间里找出苏轼大逆不道的罪证来——"杖藜裹饭去匆匆,过眼青钱转手空。赢得儿童语音好,一年强半在城中"。这是在讽刺贫民们拿到贷款后,钱就在城中挥霍尽了。因长期逗留在城中,贫民的孩子都学会了城里的话,无疑是在讽刺青苗法。

"读书万卷不读律,致君尧舜知无术。"神宗素以新颁布的法律知识来考核官吏的政绩,苏轼便说,就算你读了万卷书,但不读律法,那也是白费,这是在吐槽以明法来课试郡吏,根本就不合理。"东海若知明主意,应教斥卤(盐碱地)变桑田。"言外之意正是因为神宗大兴水利,才让盐地变成了桑田。"岂是闻韶解忘味,尔来三月食无盐。"这是在讥讽朝廷不允许私盐买卖,导致老百姓都三月不知盐滋味了。

一部厚厚的诗集,舒亶整整花了四个月的时间,才挑出这么几处有讽刺之意的,真是辛苦他了,而且这几处之中,除了第一条明确是讽刺新法的,其他只不过是牵强附会罢了。但是没关系,苏轼的"反诗"虽然写得不多,但舒亶尽可以夸大他的动机,直指他"包藏祸心,怨望其上,讪渎谩骂,而无复人臣之节者,未有如轼也",居心如此不良,神宗读完此札焉能不生气?

发出致命一击的则是御史中丞李定,身为御史台老大的他出手最狠,杀伤力最大,在等到神宗已经被何正臣、舒亶们激怒之后,他才适时地拱了一把火，列举出苏轼的四大罪：

第一大罪：死不悔改。

他将苏轼和上古四凶相比，说神宗之盛德堪比尧舜，对苏轼一再容忍，苏轼却知错不改，怙恶不悛。

第二大罪：影响极坏。

这是针对苏轼的影响力来说的，李定的原话是"傲悖之语，日闻中外"，苏轼的狂傲悖逆之语，都传到了番邦友国，造成了非常不好的舆论影响。

第三大罪：滥得时名。

李定说，苏轼"初无学术，滥得时名"，虽然写的东西没啥道理，却足以鼓动四方，非常具有煽动性。这个人说的话不正确却擅于狡辩，行为不端却固执己见，按照先朝法典，必判死刑。

第四大罪：狂悖讪上。

这是直接指责苏轼诽谤朝廷、攻击君上，将他的罪名上升到了"不忠"的高度。

李定为何出手如此狠辣？

因为他和苏轼不仅政见相左，也有私怨。李定是北宋时著名的不孝子，为了升官，居然在母丧之后不服孝，这在古时是最招人鄙弃的。苏轼曾写过一首诗赞美一个大孝子，听在李定耳里却如芒刺在背，认为是含沙射影针对自己的，因为深恨苏轼，一有机会自然会借机报复。

李定所列举的苏轼"四宗罪"，句句戳中了神宗皇帝心中痛处，这位青年皇帝一直以富国强兵为己任，自变法之后身上背负了巨大的压力，他对苏轼确实是心存爱惜、宽容有加，不料苏轼却对自己的苦心一无所察，还频频"生事"，对君王权威的维护终于压倒了对人才的爱护之心，神宗雷霆大怒，下令御史台彻查此事，这才有了上文皇甫僎千里追捕的一幕。

等到苏轼一下狱，场面就更热闹了。

有人落井下石，比如丞相王珪，人称三旨宰相，为相期间唯一擅长的事就是"取圣旨、领圣旨、得圣旨"，他在相位上盘踞了整整十六年，只因为能一切以神宗的旨意为准，他倒不是新党成员，只是嫉妒苏轼的才华，怕他出头，于是趁他落难时也来踩上一脚，举出苏轼一首写桧树的诗中有"蛰龙"二字为证，说苏轼对皇帝有不臣之心，幸好神宗没有被他带歪，说诸葛亮还自称卧龙呢。

有人借机补刀。比如李宜之，这是一个芝麻小官，在安徽灵璧县听说苏轼以前为一个园林写过"古之君子不必仕，不必不仕。必仕则忘其身，必不仕则忘其君"的话，居然也给皇帝上疏，说这样会影响参加科举考试的人的进取心，长此以往必定会影响大宋的人才资源。此事和他本来毫不相干，他却非要横插一脚，这就纯属碰瓷了，目的在于借踩名人一脚，来青史留名，从这个角度来说他的确成功了。

这些对苏轼群起而攻之的人，被余秋雨称为"群小"，这和党争中的说法一样，在古时的政治斗争中，很多时候人们都以君子和清流自居，将不同派系的人贬之为小人，实际上，这种道德层面的划分未必精准。人性都是复杂的，比如舒亶，写过"浮生只合尊前老，雪满长安道"这样清丽绝俗的词句，在政坛上也有过洁身自好的事迹。但在乌台诗案中的表现，确实成为了这群人共同的污点，暴露了人性中污浊和丑陋的一面，这和攻击的对象无关，而是他们采取的方式和所站的立场有问题，李定等人生恐苏轼这样的旧党精英冒出头来，和他们在朝堂上争胜，所以才不惜无中生有、夸大罪名，意在杀鸡儆猴、打击旧党。

值得庆幸的是，在苏轼被台谏围剿的同时，一场围绕着他的大营救也在进行中。

驸马王诜是最先出手的，他头一个获悉御史台将派人追捕苏轼，于是连忙派人飞骑至苏辙处通报，让他转告乃兄，为此落了个通风报信的罪名。

苏辙和兄长手足情深，在哥哥入狱后立即上书，愿削去官职为兄长赎罪。

这样的故事，在唐朝也曾发生过一次，大诗人王维于安史之乱中被迫任伪职，平叛后追究此罪，其弟王缙即上书唐肃宗，请求以自身官职为兄长赎罪。苏氏兄弟与王氏兄弟一样情笃，是以苏辙在兄长罹罪之后，毫不犹豫地请求削官救兄，所上书札更是字字恳切，情真意切，"臣窃哀其志，不胜手足之情……欲乞纳在身官，以赎兄轼……但得免下狱死为幸"。

范镇和张方平是苏轼的老前辈，均已年逾古稀，一直对他们兄弟提携有加。此时虽已致仕，却不约而同地伸出了援手。范镇性如烈火，得知苏轼之事，不顾家人的阻拦，立即向皇帝上书言救。张方平这时已退居南京，特意派儿子张恕去南京衙门敲登闻鼓递奏章。在宋朝，敲登闻鼓非同小可，不管敲鼓之人有理无理，都有可能被官府杖责。张恕本就胆小，他拿着父亲给的奏章，在登闻鼓面前徘徊了好几天，最终还是不敢敲。后来苏辙看到了张方平的奏章，不禁为之咋舌,庆幸这本奏章没有被神宗看到,原来奏章中不断重申苏轼乃是天下之奇才,而神宗当时忌惮的就是苏轼才华太出众、名声太响亮,足以与朝廷争胜,若见了张方平的奏章,估计更加火大了。

左相吴充在政治立场上偏于中立,和苏轼并无交往,这时却也仗义执言。

一次,他故意问神宗:"魏武帝曹操这个人怎么样?"

神宗不以为意地说:"不值一提。"

吴充立即说:"陛下如今以尧舜为榜样,对魏武帝的做法则不屑一顾,这是很恰当的。但猜忌如曹操,尚且能够容得下击鼓骂曹的祢衡,难道仁厚如陛下,居然容不下一个苏轼吗?"

神宗听后吃了一惊,忙辩解说:"我没有别的意思,只是召他来勘问,弄清楚真假而已,如果不是真的很快就会释放。"

同样是为了救人,论营救的智慧,吴充显然远远胜过张方平。这番话说得相当婉转,又相当具有说服力,神宗处处以圣君自居,当然不希望落下一个刻薄寡恩的罪名,若是他杀了苏轼,那和诛杀嵇康的司马昭有何区别?吴充抓住了他想做明君的心理,即使神宗有杀苏之心,也被他这一番话说得打消了杀意。

新党中也有不顾政治立场,主动为苏轼说话的。

当时跟苏轼还是好友的章惇就是其中一位。

当王珪试图对苏轼加以诬蔑时,是他挺身而出,在神宗面前为好友辩白。

下朝之后,章惇拦住王珪大骂说:"相公是要将苏轼一家赶尽杀绝吗?"

王珪解释说这是舒亶教他的。

章惇痛斥："舒亶的口水，相公你也要吃吗？"

王珪被骂得无言以对，落荒而逃。

就冲这句痛骂，章苏后来虽然交恶，也不枉苏轼交了他这个朋友一场。

此事越闹越大，后来，连退居金陵的前任宰相王安石也坐不住了，快马加鞭给神宗上书，直言"岂有圣世而杀才士乎"？

而他的弟弟王安礼，更是多次在神宗面前进言营救。王安石虽和苏轼政见相左，但也深知苏轼之才，他出手相救，既是出于爱才之心，也是不愿意见到各持己见的政见之争演变成你死我活的派系斗争。神宗一向视他为精神导师，关键时刻这位导师所说的话，自然对他有很大影响。

后宫中，也有一位苏轼的守护神，那就是神宗的祖母，人皇人后曹氏。

太皇太后这时已经生病了，听说苏轼被抓了，就在病榻上含泪劝孙子神宗说："当年你爷爷仁宗殿试回来，欣喜地告诉后宫诸人，今天为子孙后代谋得了两位太平宰相，指的就是苏轼兄弟啊。因作诗入狱，可能是受了小人中伤。我已经病成这样了，皇上您切不可冤枉好人啊。"

苏轼是八月入狱的，到了十月份，太皇太后已经病得很严重了，临终前还是牵挂着狱中的苏轼，当神宗准备大赦天下为祖母祈福时，太皇太后苦口婆心地劝他："不必赦免天下凶徒，只要赦免了苏轼一人即可。"说完泪流不止。

神宗本性孝顺，听了后也眼泪长流，表示会谨遵教诲。

和"群小"们相比，这些施以援手的人则充分展示了人性中光辉、正义的一面，让人们看到在黑暗笼罩之中，仍有微光在闪烁，使人不至于彻底对人性感到绝望。

当然，李定等人充其量只是皇帝的打手和"棍子"，宋神宗本人，才是诗案背后那只看不见的手。

神宗对苏轼的态度相当复杂。

一方面，他认识到了而且相当欣赏苏轼的绝代才华，宫中传说只要神宗吃饭时嘴里念念有词，就是在读苏轼新出的诗文，他何尝不记得仁宗关于"太平两宰相"的预言，所以一直想找个机会将苏轼擢以重用，这正是宵小们所最忌惮的。熙宁六年沈括察访两浙时，神宗曾叮嘱他善待时任杭州通判的苏轼，沈括回京后呈送苏轼手录的新诗，并贴上标签注明其"词皆讪怼"，神宗却隐忍未发。

另一方面，神宗对苏轼坚决不与新政合作的姿态非常不满，据说苏轼在熙宁七年前往密州途中所作的《沁园春》一词曾传进皇宫，当神宗读到词中"用舍由时，行藏在我，袖手何妨闲处看"几句时，不禁悻悻然说道："且教苏某闲处袖手，看朕与王安石治天下！"这则故事可能是虚构的，但反映的神宗对苏轼的态度却是真实的，作为一个血气方刚的雄主，神宗对苏轼所代表的异论的包容已经达到了极限，是以李定们一上书，就能戳中他的痛点。

但神宗的初衷，应该只是想将苏轼抓回来审问一番，没想到后来舆论沸腾、越闹越大，神宗的态度，究竟会向何方倾斜？这直接决定着乌台诗案最后的判决。

"罪"与罚：乌台一百三十天

御史台监狱，一间小小的单人牢房之中，苏轼正向隅而坐。

这是一间狭窄而阴暗的牢房，构造犹如一口百尺深井，关在其中，只要伸出手去，就会触碰到粗糙而冰冷的墙壁。在牢房上方，有一方极小的天井，从"井底"抬头往上看，只能见到席子大小的一片天。

苏轼这时隐然已经有文坛盟主的气象，诗文一出，天下争相传诵，连皇帝都爱赏有加。可怜这名满天下的一代文宗，此刻却沦为了阶下囚、井底蛙。

一旦入狱，他的遭遇和其他犯人并没有什么不同，甚至还要更加严重。针对他的审问没日没夜地进行着，同样是因为错案而被抓进台狱的开封府尹苏颂，与苏轼的关押地仅隔一道墙。苏颂写了几首诗记叙当时的情形，其中有"遥怜北户吴兴守，诟辱通宵不忍闻"两句。"吴兴"即湖州，"吴兴守"指的就是苏轼，看来他在狱中遭受的辱骂连隔壁犯人听着都觉得于心不忍了。

辱骂有之，那么是否还进行了严刑拷打？

庆幸的是，至少没有关于这方面的确实记载，按照常理来推测，宋代还是尊重士大夫的，对这样一位文名卓著的才士，李定等人还是心存忌惮的，不太可能直接动粗。

但这对于苏轼来说已经是莫大的摧残了，因为在此之前，他一路走来收获的都是青眼和优待，何曾受过这样的侮辱？

这时他才发现，原来前半生竟然一直承受着命运的厚待，而在狱中经受的一切让他惊觉，原来命运从来都不会一直厚待某个人。

回首半生，他入狱前的人生完全可以用顺风顺水来形容，才二十出头就和弟弟苏辙双双中举，且被文坛前辈欧阳修和当时的皇帝宋仁宗双双相中，将他看成未来文坛和政坛的接班人、顶梁柱。

遥想当年，何等风光，"当时共客长安，似二陆初来俱少年"，年少成名，双双高中，比陆机、陆云还要少年得志几分，那时自以为有笔头千字，胸中万卷，视功名利禄犹如囊中之物，致君尧舜，此事何难？

原以为可以如同展翅高飞的大鹏一样，扶摇直上九万里，却不料陡生变故，突然被人折断了翅膀，从青云之上坠入这"百尺深井"之中。

这算是苏轼有生以来面对的第一次巨大打击，而且几乎是致命的。狱中的他是处于隔离状态的，浑然不知狱外有多少人在为营救他而奔波忙碌，每天能够接触到的都是那些面目狰狞的审讯官，他这段时间所承受的恶意，比前半生加起来的还要多许多倍。

人性自古如此，从来都是锦上添花易、雪中送炭难。当你身处"神坛"之上的时候，自有人对你歌功颂德、曲意逢迎；可当你一旦从"神坛"跌落，那些人中的大多数立刻就换了一副嘴脸，轻则与你划清界限，重则对你谩骂羞辱。

当命运骤然露出獠牙的时候，一直对人生抱有美好期待的苏轼初次领略到了现实的残酷和人性的丑恶。他这时才发现自己以前真是太天真了，天真到竟以为官场上容得下一颗赤子之心和一张耿直快嘴。直到兜头一盆冷水浇下来，才浇灭了他所有不切实际的热情和幻想。

在这种心境下，他一入狱就有过绝食求死的行径（后因神宗遣使入狱而放弃），也有人说他藏了一枚金丹在身上，随时准备吞丹自杀。在经历了许多个辱骂恐吓的审讯日之后，苏轼终于放弃了为自己辩白的坚持，他心灰意懒地写下了长达一万七千字的"自白书"，承认说在湖州、杭州等地期间所写的部分诗作确实是暗怀讥讽、别有所指。

与其将自白书看成是认罪书，倒不如将其看作某种形式上的"屈打成招"。连日来不间断的审讯，足以摧毁任何一个意志坚强的人，狱中的苏轼便是如此，这时的他总认为自己必死无疑，百般无奈之下才步步退守，坦白"招供"，一来为了少牵累亲友，二来可以让这一切都早早结束。

那么他真的认罪了吗？

多年以后，苏东坡回忆起此事时曾说道："昔先帝召臣上殿，访问古今，敕臣今后遇事即言。其后臣屡论事，未蒙施行，乃复作为诗文，寓物托讽，庶几流传上达，感悟圣意。而李定、舒亶、何正臣三人因此言臣诽谤，遂得罪。然犹有近似者，以讽谏为诽谤也。"

他说自己只不过是屡作诗文、寓物托讽，却被李定等人将讽谏曲解为诽谤，这当然不是从心底认为自己有罪。

至于他到底是否有罪，那就要看讽谏朝政到底算不算有罪了，还是如前所说，在熙宁年间直接上书都不算有罪，而到了元丰年间借诗讽喻却可以算成有罪，最终决定的还是背后的"圣意"。

此时发生了一件小事，成了压倒骆驼的最后一根稻草。苏轼入狱之时，与长子苏迈约定，平日送饭只送菜肉，若有不测则送鱼。

一次，苏迈因事托亲戚送饭。然而，这位亲戚恰好送了鱼。

苏轼一见鱼，大惊失色，自知必死，在彻底绝望之下，写下了两首给弟弟苏辙的绝笔诗：

（一）

圣主如天万物春，小臣愚暗自亡身。
百年未满先偿债，十口无归更累人。
是处青山可埋骨，他年夜雨独伤神。
与君世世为兄弟，更结来生未了因。

（二）

柏台霜气夜凄凄，风动琅珰月向低。
梦绕云山心似鹿，魂飞汤火命如鸡。
眼中犀角真吾子，身后牛衣愧老妻。
百岁神游定何处？桐乡知葬浙江西。

狱中的苏轼，完全是把这两首诀别诗当成遗书在写的，曾撰写过《"东坡乌台诗案"新论》的巩本栋教授分析说："月落西沉，风动檐铃，狱中寒气凛冽，命在旦夕之中的东坡，面对生死，不禁彻夜难眠，心中万般思绪，万端感慨。有对家人、对亲友的惦念，有对人世、对曾经任职过的杭州、湖州百姓的留恋不舍……东坡的反应与常人似没有什么不同。但正是这种人性的共通点，让我们今天再读这些文字，才会为之动容。"

狱史梁成，是狱中唯一善待苏轼的人，知道他有睡前烫脚的习惯，每晚都会体贴地为他打来一盆洗脚水。苏轼写完诗后，也是托他带给弟弟。

据说梁成将此二诗秘藏枕内，日后再还给苏轼。也有种说法，说是宋神宗也读到了这两首诗，深深感动于苏氏兄弟的手足之情，因此动了恻隐之心。

不知何说为真，但此时营救一方的声势慢慢压倒了打击一方，受舆论影响，宋神宗决定再给苏轼一个机会，于是暗暗布了一个局，决定派一个小黄门去察探下他的表现。

这个时候的苏轼，心路历程已大致由愤懑、绝望走向了淡然，最坏的结局不过是因言获死，自古以来，因名声太响、嘴巴太大而罹罪的名士就不止他一人，后来在《东坡志林》中他就提到过："曹操以名重而杀孔融，晋文帝以卧龙而杀嵇康……"

狱中的他，可能隐隐猜到了自己获罪的根源，一度觉得终将步孔融、嵇康的后尘。嵇康赴刑场之时，顾日影索琴而弹，直到最后一刻，手挥五弦、目送归鸿的从容气度丝毫不改，用生命诠释了什么叫作魏晋风度。

如果注定要为之付出生命的代价，不如放开胸怀，泰然地接受这最后结局的到来。

那一夜，苏轼就像他所景慕的魏晋名士那样，彻底放下了曾有的忧惧，在死亡的威胁和生命的重压之下充分展现了淡定的一面。

那一晚，在风寒露重的狱中，他沉沉酣睡，鼻息如雷，当狱中新来了一个"狱友"时，他睡得那么沉，一点都没有被外来的响动惊醒。

大约四更天的时候，沉睡中的苏轼被人摇醒，新来的犯人满脸喜色地祝贺他说："恭喜学士，贺喜学士！"

原来，这个"狱友"就是神宗指派的小黄门假扮的。他将狱中所见驰报给神宗，神宗听了之后，大舒了一口气说："朕就知道苏轼胸中廓然无一事。"

这也是苏轼认为自己无罪的一条佐证，至少他问心无愧，若真是心中有愧，又如何能睡得如此安然？

从十二月起，该案移交给大理寺进行判决。大理寺给出的结果是"当徒二年，会赦当原"，御史台认为判得太轻，纷纷反对，于是提交审刑院复核。

十二月二十八日，该案终于迎来了最后的终审结果："可责授检校水部员外郎，充黄州团练副使，本州安置，不得签书公事。"

尽管没有明言，可大家都知道，这是皇帝的旨意，那个小黄门的话起了至关重要的作用，这段故事很有可能并非杜撰。

苏轼后来回忆说，能够死里逃生全托赖于神宗的格外开恩。"到狱即欲不食求死，而先帝遣使就狱，有所约敕，故狱吏不敢别加非横。臣亦觉知先帝无意杀臣，故复留残喘，得至今日。"

从八月十八日入狱，到十二月二十八日释放，苏轼整整蒙受了四个多月的牢狱之灾，历时一百三十天整。

这一百三十天，是置之死地而后生的一段经历，在狱中时，苏轼一定常常自我反省，可一出狱，他就兴奋地写下了两首诗，其中一首说：

平生文字为吾累，此去声名不厌低。
塞上纵归他日马，城东不斗少年鸡。
休官彭泽贫无酒，隐几维摩病有妻。
堪笑睢阳老从事，为余投檄向江西。

他也知道祸从天降是因为"平生文字为吾累"，从今往后要"此去声名不厌低"，可积习难改，爱写诗爱发牢骚的毛病还是没办法完全改过来。

不管他是否认为自己有罪，判决结果认定他有"谤议朝政"的行为，并给予了发配黄州的惩罚。一并惩罚的还有一大群亲友，据统计，受牵连的共有二十九人之多，苏辙、王诜等受贬斥，司马光、张方平、黄庭坚等人也各被罚铜数十斤。

苏轼对自己的受罚尚能坦然接受，但对于连累亲友却十分内疚，好友王巩（定国）因受牵连被远贬宾州，他特意写信剖明心迹说:"(我)罪大责轻,得此已幸,未尝戚戚。但知识数人,缘我得罪,而定国为己所累尤深。流落荒服,亲爱隔绝。每念至此,觉心肺间便有汤火、芒刺。"

乌台诗案虽然只有短短四个多月,却在苏轼的人生中留下了深刻的后遗症。

在黄州期间,他"忧谗畏讥,惟求避祸",不敢再像以前那样放议朝政,至于再写诗讥讽新法,那是断断不敢了。

但他真的因为坐过牢而没了锋芒、改了性情吗?

如果一直如此,那就是白居易,而不是苏东坡了。

后来的经历证明,真正的锋芒只会内敛,绝不会消失,他藏在骨子里的一腔孤勇、满怀热血从来就没有更改过,所以不管是新党执政,还是旧党当道,他总是勇于独持己见、力排众议,敢于和上峰争执,落得两边都不讨喜。

还有个"后遗症"倒可以算作良性的,苏轼自入狱之后,觉得自己命如草芥,深刻体验到生命的脆弱。一场风波触发了他对众生万物的悲悯之心。

出狱后,苏轼自己决不在家里宰杀生物,以前只能做到不杀猪羊这类大动物,现在则连鸡鸭蟹蛤,也都在禁杀之列。甚至有人送他螃蟹、蛤蜊之类,他也拿来投还江中,虽然明知蛤在江中,没有再活的可能,但总希望万一能活,即使不活,也总比放在锅子里煎烹为好。自述其由曰:"非有所求觊,但以亲经患难,不异鸡鸭之在庖厨,不忍复以口腹之故,使有生之类,受无量怖苦尔。"

不仅自己不杀生,他还四处劝朋友戒杀。

一次他去看望住在岐山的好友陈慥[①]，想起去年陈家杀鸡捉鸭，盛罗酒食来招待他的情形，不禁感到为口腹之欲而杀戮生命的残忍，所以一见面便先声明，千万不要为他杀生，后来又作了一首《我哀篮中蛤》的诗，寄往岐亭，劝说季常戒杀。

虽然不亲自杀生，但是要做到完全茹素，身为老饕的苏轼也是做不到的，他只能采取一个折中的办法，就是"食自死物"，后来又放宽范围至不亲自杀生。

佛教居士最初是可以吃五净肉的，即不见杀、不闻杀声、不为我杀、自死、鸟残。考虑到东坡肉、东坡肘子那么美味，那么我们也不妨对东坡居士稍微宽容一些，原谅他口口声声说要茹素终身后来又违背誓言吧。

苏轼在乌台诗案后觉醒的悲悯之心，倒不是仅仅针对于鸡鸭蟹蛤，便是对后来的政敌，他也抱有几分宽恕。后来旧党当权后，就想以其人之道还治其人之身，对新党中议论时事的人也扣上"谤议朝政"的罪名。苏轼却坚决反对大兴文字狱，认为用此等捕风捉影的手法定人罪名，手法实在是卑劣。

正因为自己曾经遭受那样的苦难，所以不忍再让他人蒙受同样的苦难，这样的东坡，即使天天吃肉，也无愧于居士这个头衔，因为他真正践行了佛家常说的"慈悲为怀"。

[①] 陈慥：生卒年不详，字季常，北宋眉州（今四川青神）人，一说永嘉（今浙江永嘉）人，陈希亮第四子。常信佛，饱参禅学，自称龙丘先生，又曰方山子，与苏东坡是好友，常与苏轼论兵及古今成败，喜好宾客，蓄纳声妓。

第二章 面对低谷——修得一颗平常心

生活抽掉了苏东坡的一个支点,他就转而去寻找另一个支点。耕种自济、养生自保、著书自见、文学自适、韬晦自存,是东坡的生存哲学。

躬耕东坡：在荒地上开垦出一片桃花源

九百多年后，我们已经无从揣测苏轼从汴京赶往黄州时，是否就像那离了洪洞县的苏三一样，满心都是凄惶和惊惧，却"未曾开言心内惨"。

刚从那场冤狱中脱身出来，他肯定是有怨气的，但身为逐客贬臣，容不得他一吐怨言，他甚至不能像苏三那样说给过往的君子听，只能默默承受这不白之冤。

黄州，是他人生中的第一个贬谪之地。现在，我们当然也知道，他将和这座小城互相成全，但对于前半生都顺风顺水的苏轼来说，从赫赫皇城被贬到这荒僻小州，无异于从高峰一下坠到谷底，当然那时候他也预想不到，未来他的人生还面临着更多的下降空间。

宋时的黄州是很荒僻的，此处临近长江，荒凉多雨，士民尚未完全开化，被京官们视为"鄙陋州郡"。

苏轼于元丰三年春天抵达黄州时，一开始还强打精神，称赞此地"长江绕郭知鱼美，好竹连山觉笋香"，仿佛不改吃货本色。可没过多久，他的兴致就跌到了谷底，发现此处与京城相比太过闭塞落后，不禁哀叹"黄州真在井底"！

低谷之所以可怕，是因为你预料不到它究竟何时结束，甚至会不会结束，如今我们可以把黄州四年看成苏轼人生中一个延长版的 gap year，可当时的他，肯定是把这当成了人生中的至暗时刻。

下令贬逐他的神宗年方三十三岁，正当年富力强，性子颇为执拗，至少从短期来看，他被重新起用的机会相当渺茫。

如果说初抵黄州，苏轼还存在着一丝幻想或者说奢望，后来日子过得越久，这方面的念想就越来越淡。他不知道还要在这语言不通、风土鄙陋的江城待上多久，三年、五年，还是一辈子？

敢于正视现实是苏轼身上一个很大的优点。哪怕这现实再惨淡，他也能打起精神来面对。既然可能无法于此处脱身，那就得想尽办法活下去，首先亟须解决的是一个很现实的问题，那就是生存问题。

前半生，苏轼可以说是没怎么吃过物质上的苦，在入狱之前，他的俸禄一度高达二千石，宋初二三十文约可买米一斗，两千文一两银，也就是说一两银子可以买八石左右的大米，大概相当于人民币五百元的购买力，二千石约等于五百两银子，就算打些折扣，那也是相当可观的。可他生性豪爽，花钱大方，平时又喜欢应酬饮宴、周济朋友，不像弟弟苏辙那样精打细算、量入为出，所以尽管收入不菲，却一直是随到随花、倾囊辄尽，自嘲是个"月光族"。

他被贬到黄州任团练副使，本州安置，不得签署公事，其实就是个虚衔，完全没有俸禄。

有人说他每个月有四千五百钱的津贴，这是一个误解，黄州团练副使是没有津贴的，实际上是他从积蓄中每月拿出四千五百钱来做生活费。宋朝钱币换算成今天的人民币，四千五百钱就是一千三百五十元，苏轼全家二十多口人，人均每月不足六十块，生活水准可以说是急剧下降。

这也难不倒苏轼，富有富的活法，穷有穷的打算，他每个月初从积蓄中取出四千五百钱来，分成三十份，挂到屋梁上，每天早晨用画叉挑取一串。如果当天的钱没用完，就另外用一个大竹筒存起来。

一百五十文钱要维持一大家子的生活是很困难的，好在当时黄州物价便宜，苏轼在写给弟子秦观的信中很开心地说，黄州附近的县一斗米只要二十文，猪肉价格低廉，鱼蟹便宜得几乎不要钱。

但还有一个问题，如此低水准的生活开销，依苏轼微薄的积蓄，也只能支撑上一年而已。一年之后怎么办呢？

苏轼乐观地对秦观说，到时候再"别作经画，水到渠成，不须预虑"，这就是苏轼，他几乎从来不为尚未发生的事焦虑，在生计方面，他可真是一个无可救药的乐观主义者。

当然，家中总有额外的开支，这么点钱其实是不够他开销的，除了依靠积蓄外，他在黄州之初还是多赖兄弟朋友接济，苏辙就常常资助他，太守徐君猷也处处周济，他感激地称君猷"相待如骨肉"。

转眼一年多过去了，他还是滞留此地，一位同样贫穷的朋友马梦得看他家里实在是难以为继，于是替他想了一个主意，向太守徐君猷求来了一块五十余亩废弃的军事营地。

这块地就是文化史上赫赫有名的东坡,足以和陶渊明种豆的南山、王维隐居的辋川齐名。

可在当时,那还只是一块撂荒了多年的荒地,瓦砾遍地、荆棘丛生,无人愿意耕种。

虽然现在的人常说,每个中国人心里都有一个田园梦,诗人们更是动不动就要学陶渊明归隐田园,但从古至今,真正种过田的诗人是极少数的,没办法,学陶渊明只是看上去很美,真要模仿起来成本极高。首先你得吃得了耕稼之苦,种田是很辛苦的,"锄禾日当午,汗滴禾下土",非亲身经历者难以体会其苦,和陶渊明差不多同时代的诗人谢灵运就很有自知之明地表示"进德智所拙,退耕力不任",当官不想受气,种田又怕辛苦,只能在仕和隐中反复徘徊,最终在纠结中蹉跎了一生。

除了"力不任"外,还有一个深层次的原因,那就是在官本位的等级社会里,万般皆下品,唯有读书高,士子们在内心深处是耻于耕作的,士农工商,读书人如果真的去种田,会被认为是阶层的跌落,所以君子不但远庖厨,也是远稼穑的。

苏轼却丝毫没有这些心理障碍,他出身于农家,尽管"平生未尝作活计",没有亲自劳作过,但对农事一直有着亲近之感,他没有一般读书人那种不切实际的自尊心,一直保持着勤勉务实的农家子弟本色,他吃得下苦,也弯得下腰。当马梦得为他求得那块荒地后,他的第一反应是欣喜,对这块无人问津的荒芜之地,他却如获至宝,当成沃土良田一样去认真耕耘。

论种地的辛苦程度,苏轼开垦荒地之难尤在陶渊明种豆南山下之上，因为这块地实在是抛荒日久，开垦时又适逢大旱之年，他在《东坡八首》中自述其苦："地既久荒，为茨棘瓦砾之场，而岁又大旱，垦辟之劳，筋力殆尽。"诗里这样形容："刮毛龟背上，何时得成毡？""崎岖草棘中，欲刮一寸毛。"可见开荒之艰辛。

论种地的认真态度，苏轼估计仍然是略胜陶渊明一筹。

陶渊明的田种得貌似不太理想，他在诗中自述"种豆南山下，草盛豆苗稀"，后来网红教授戴建业开玩笑说他："种的什么鬼田哟。"陶渊明好歹是个世家子弟，看来种田方面并无多少成功经验。

苏轼同样没种过田，但他虚心好学，不耻下问，乐于向当地的老农请教，在开垦之前，他首先在地上放了一把火，这样一来可以烧去那些杂草荆棘，二来焚烧后的草木灰能使土地肥沃，毫无开荒经验的他，显然是向老农们求教后才懂得如何下手。

开荒完成之后，已错过了水稻的种植季节，于是他种下了一垄垄麦子，富有经验的老农告诉他：麦苗长成之后，要趁早让牛羊啃食践踏，否则会颗粒无收。他虚心地接受了这个意见，后来麦子果然长得很好。他不仅一个人在地里开垦，还带上一家人在田里踏踏实实地劳作，黄州新认识的朋友也跑来帮忙。

苏轼的夫人王闰之本是农家女，对此道也颇为精通，有次家里买来的耕牛病了，她提醒丈夫可以给病牛吃青蒿粥，一试果然灵验，苏轼大为赞赏，还特意在给朋友章惇的信里提到了此事。

荒芜了十年的田地一时间变得热闹非凡，苏轼虽没种过田，但他从小就喜欢种树，自称"吾性好种植，能手自接果木，尤好栽橘"。等到田地初具雏形，他种了十亩水稻，十亩小麦，又另种竹、桑、枣、栗、松、橘，并特别写信给大冶一座寺庙的长老，要来"桃花茶"的名贵种子，想种在此处，做到"不令寸地闲"。杂草丛生的荒地在他的手下重新焕发出了活力，一派生机勃勃。

这块地位于黄州东边的山坡上，巧的是，唐代诗人白居易四十八岁任忠州刺史时，也曾亲率童仆在春天城东的坡地上，手植花木，并写下了《东坡种花二首》等诗。苏轼一贯仰慕白居易，于是也效仿其写下《东坡八首》，且以东坡居士自号，从此以后，我们可以正式称他为东坡了。

苏东坡这个名字，远比苏轼更要深入人心，苏轼是属于他官方的身份，代表着中大科、登金门、上玉堂的辉煌经历，而苏东坡则是完全属于民间的，中国的老百姓只要提起这个名字来，都会会心一笑，深觉找到了同类。

到了元丰五年，埋首躬耕的苏东坡从外形上来看已经成了一个彻头彻尾的农夫，这些年，每到农忙时节，他总是头戴斗笠，手执锄耒，埋头在农田里忙活，黄州的烈日，晒黑了他的皮肤，却让他的精神和身体都变得强健，这时如果相伴多年的王弗夫人再世，可能也认不出"日炙风吹面如墨"的他了。

土地没有辜负他的辛勤耕耘，田里的麦子很快熟了，初次收获了二十余石，他兴兴头头地教家中小婢将麦子去壳做成麦饭，新熟的麦子做的饭并不好吃，嚼在嘴中啧啧有声，孩子们笑着说像嚼虱子。东坡却觉得甘酸浮滑，有西北风味。他还别出心裁地教厨子将小麦、大豆掺在一起煮，入口更觉得余味无穷，夫人王闰之打趣他说:"这是新样式的二红饭啊。"

躬耕东坡缓解了一家人的生计问题,让东坡生平第一次尝到了自耕自食、自给自足的快乐,在这里,他放下身段像真正的农民那样去亲近土地、挥洒汗水,变得越来越接地气,也给了他不曾有过的底气,如果一个读书人连种田的辛苦都可以甘之如饴,那么还有什么能够让他畏惧?他身上那种在其他文人身上难得一见的烟火味,正是在这艰苦的耕作生涯中涵育出来的。

这段经历的另一层意义是让他头一次与前辈诗人陶渊明有了文化血脉上的连接和承续,在此之前,他对陶渊明的了解和喜爱可能都是浮于表面的,直到双脚扎扎实实地立于东坡的泥土之中,他才对这位数百年前的东晋诗人有了深切的知己之感。

他们都是官场的弃儿,尽管一个是主动归隐,一个是被迫贬谪,最后却殊途同归,田园以博大的胸怀容纳了他们的失意,并给予了他们前所未有的力量。

躬耕东坡时,是苏东坡精神上离陶渊明最近的时期,虽然隔着数百年时空,精神上的亲切感却让他觉得自己和这位前辈诗人仿佛比邻而居,他写过一首《江城子》,前面附有小序:

> 陶渊明以正月五日游斜川,临流班坐,顾瞻南阜,爱曾城之独秀,乃作斜川诗,至今使人想见其处。元丰壬戌之春,余躬耕于东坡,筑雪堂居之,南挹四望亭之后丘,西控北山之微泉,慨然而叹,此亦斜川之游也。乃作长短句,以《江城子》歌之。

梦中了了醉中醒。只渊明，是前生。走遍人间，依旧却躬耕。昨夜东坡春雨足，乌鹊喜，报新晴。

雪堂西畔暗泉鸣。北山倾，小溪横。南望亭丘，孤秀耸曾城。都是斜川当日景，吾老矣，寄余龄。

在序中，他俨然把东坡当成了陶渊明当年游过的斜川，而在词中，他则隐隐透露了欲在此终老的念头。

有了这段耕作生涯，黄州于他，不再是一个匆匆路过的人生驿站，而成了想要度过余生的理想之地，正是在日复一日的劳作之中，他和这座江畔小城的牵绊已越来越深，直至后来人在玉堂深处，也念念不忘此处的小桥流水。

诗人躬耕，和农民种田毕竟还是不一样的，复旦大学教授骆玉明就曾指出：陶渊明的种地，跟俄国作家托尔斯泰的种地有相似的地方——这种农作在经济意义上是不重要的，更重要的在于它是一种生活态度、一种哲学性的种地。

苏东坡也一样，当他选择开垦荒地的时候，就是选择了一种生活态度，一种人生方式，当士子们都以种地为耻时，他却反其道行之，我们可以把他开荒种麦的行为，看成一种无声的宣告，宣告着对官场的厌弃和远离。

是的，官场抛弃了他，可他也早已厌倦了官场的污浊和黑暗，京城里的人，仿佛都戴着面具在生活，根本不适合性烈如火、遇事辄发的他，而黄州的土地和人民，则天生和他的性情相宜，在此，他才可以以淳朴的本来面目示人。

和陶渊明一样，苏东坡种地也种出了美感、种出了哲学意义，这并不是说他们美化了耕作，而是在寻常的农家生活中，本来就既饱含着"晨兴理荒秽"的艰辛，又不乏"带月荷锄归"的诗意，而他们恰巧捕捉住了这种诗意，并用妙笔将之定格。

有兴趣的读者不妨去读读那组《东坡八首》，其中既有对劳作生涯的切实描写，又流动着不时闪烁的欣悦，比如"种稻清明前，乐事我能数。毛空暗春泽，针水闻好语"，令人想起陶渊明的"有风自南，翼彼新苗"，所有亲手栽种下稻苗的人，都曾体会过这种欣欣向荣的喜悦吧；又比如"泥芹有宿根，一寸嗟独在。雪芽何时动，春鸠行可脍"，活脱脱一个食指大动的吃货，一见到坡上泉边有水芹菜，就联想到等到春来，可以炮制一道眉山名菜"芹芽脍斑鸠"；其七"潘子久不调"那首则令我想起《诗经》中名篇《七月》里的场景，我幼时长于农村，每到"双抢"时节，父亲领着众人在田里忙得热火朝天，母亲则领着我拎一个大竹篮去给他们送瓜果点心，正是诗中所说的"从我于东坡，劳饷同一飧"，有过饷田经验的人，读此诗肯定也能重温那种丰收的欢欣。

东坡，在诗人的笔下呈现出无与伦比的美感，且看一首小诗《东坡》：

雨洗东坡月色清，市人行尽野人行。
莫嫌荦确坡头路，自爱铿然曳杖声。

这首诗和《东坡八首》的写实风格完全不一样，是如此风神摇曳,玲珑剔透,没有半点尘俗气。

白天的东坡却和月下的东坡迥异,这里住着他的家人,朋友也时时过来欢饮,坡上遍植桃李松竹,阳光下金黄的麦浪随风起伏,稚嫩的童子们在泉水边嬉戏,俨然就是那个"中无杂树,芳草鲜美,落英缤纷……黄发垂髫,并怡然自乐"的桃花源。

黄州给了他一片荒地,他却在荒地上开垦出一片桃源胜境,种桃种李种春风。陶渊明的桃花源是虚构的,而他的桃花源就在人间,叫作黄州东坡。

作个闲人：人生需要松弛感

被贬之前的东坡，很像我们最熟悉的那种"小镇做题家"，寒窗苦读，凭着自己的才华和努力，一路过关斩将，一举得中，步步高升，人生的每一步都踩在了点上。

按照本有的规划，这样的路还将继续走下去，顺风顺水的话，他或许可以复制晏殊或老师欧阳修的成功模式，直至登上青云。

可计划往往赶不上变化，一场诗案，让他扶摇直上的仕宦生涯戛然而止。

试想一想，当你历经千辛万苦好不容易爬到半山腰时，却突然一脚踏空，心情该有多么失落。初次被贬的东坡，体会到的就是这种一脚踏空的失重感，高歌猛进的人生突然被按下了暂停键。

刚到黄州，他就像一只离群之鸟，同伴们都在往前面飞，他却孤零零地坠在后面，找不到前行的目标，不知道该往哪个方向飞。

那时的他寄居在定惠院内，寺中生活清苦寂寞，和他相伴的只有晨钟暮鼓，和月下的那只孤鸿，著名的《卜算子·黄州定惠院寓居作》就作于此时：

缺月挂疏桐,漏断人初静。谁见幽人独往来,缥缈孤鸿影。

惊起却回头,有恨无人省。拣尽寒枝不肯栖,寂寞沙洲冷。

定惠院中,是否真的出现过这样一只孤鸿?或许这已经不重要了,鸿即人,人即鸿,幽人与孤鸿早已物我同一,都是东坡的夫子自道。

此刻的他,就像这只缥缈孤鸿,月下独飞,孤影伶仃,仍然没有从乌台诗案的风波中平复过来,还是心有余悸,满腹愁恨。但他却不愿意表现得像惊弓之鸟那样栖栖惶惶,孤鸿的形象依然是傲岸孤洁的,是以"拣尽寒枝不肯栖",事实上也是无处可栖,孤鸿只能在寂寞沙洲徘徊,而我们失意的诗人,也只能蜗居在小小的定惠院里彷徨。

前半生的努力顷刻间全部化为乌有,尽管我们现在都说东坡旷达,但那时的他,还是很灰心的,经常枯坐小院,对以往的人生进行深刻的自省和反思,在给朋友李端叔[①]的信里,他说:"木有瘿,石有晕,犀有通,以取妍于人,皆物之病也。"意思是树上有木瘤,石头上有晕斑,犀角有洞腔,它们以此取悦于人,却不知道这正是它们自身的病态之处。而自己呢,就像这些树木石头一样,错

[①] 李端叔(1038—1117):名之仪,字端叔,自号姑溪居士、姑溪老农,沧州无棣(今山东省滨州市无棣县)人。以尺牍擅名,亦能诗,这两方面的成就都受到苏轼称赞。

就错在锋芒外露，炫才使气，一句话，祸从口出，所以今后务必要谨言慎行。

还是在给李端叔的信里，他自述形状：

> 得罪以来，深自闭塞，扁舟草履，放浪山水间，与樵渔杂处，往往为醉人所推骂，辄自喜渐不为人识。平生亲友，无一字见及，有书与之亦不答，自幸庶几免矣。

"闭塞"二字形容得很生动，他在黄州相当于流放，以前来往密切的亲友们大部分都疏远了，连音信也不再互通，偶尔有人给他来信，他也不回，可见是他主动选择了这种自我封闭的状态。

好在东坡毕竟不是李商隐式的幽闭型诗人，不会任由自己的心灵长久处于封闭之中，走出定惠院的他，慢慢找到了自己的解脱之道，那就是"扁舟草履，放浪山水间，与樵渔杂处"。

身为贬官一无所有，唯一拥有的就是大把的闲暇。

元丰三年的春天，定惠院旁、长江之畔经常出现一位漫游者的身影，他身材高瘦，面貌清奇，独自拄着拐杖在丛花乱树间漫步。

早于他一千多年前，汨罗江边也出现过一个漫游者，长歌当哭，抚剑独行。

同样是漫游，也同样是见弃于天子，但最终分道扬镳，走上了完全不同的两条路。一个为理想而死，一个则选择了远离。

尽管东坡一直也推崇屈原，认为"《离骚》价值极高，足以与日月齐光也"，但显然，他并不愿意步这位骚客的后尘。

屈原太执着，深具楚人的死磕精神，撞了南墙也不回头，东坡就不一样了，他从不钻牛角尖，放浪于山水间本来可能含有几分自我放逐的味道，渐渐地竟成了自我治愈。

有一天，他走出僧舍，忽然在漫山杂花之间，发现一树海棠悠然绽放于竹篱之后，这来自故乡西蜀的名花，居然能在异地重逢，让他有种犹似故人来的相知之感。

他深爱这株海棠，每年三月三，海棠开得正艳，他都会和朋友携酒而来，共醉于海棠之下，"黄州定惠院东小山上，有海棠一株，特繁茂。每岁盛开，必携客置酒，已五醉其下矣……"一岁一醉，山野间的西蜀名花，深深慰藉了这异乡异客。

定惠院不远有座安国寺，是东坡居黄州时最爱去的寺院，每隔一两日，他就要去那参禅静坐，"间一、二日辄往，焚香默坐，深自省察，则物我相忘，身心皆空，求罪垢所从生而不可得。……且往而暮还者，五年于此矣"（《黄州安国寺记》）。

他去安国寺，不仅是为了参禅，还为了沐浴，大概安国寺的澡堂子很不错，他非常喜欢去那里沐浴，还专门写过一首《安国寺浴》：

老来百事懒，身垢犹念浴。
衰发不到耳，尚烦月一沐。
山城足薪炭，烟雾蒙汤谷。
尘垢能几何，翛然脱羁梏。
披衣坐小阁，散发临修竹。

心困万缘空，身安一床足。

岂惟忘净秽，兼以洗荣辱。

默归毋多谈，此理观要熟。

看来在安国寺沐浴的过程很享受，效果丝毫不亚于后世的"水疗"。一个人最怕的就是自弃，素来重视保养的东坡到了黄州，并没有放弃他的养生之道，不管落于何境地，始终能坚持自珍自爱，这样的人，才不会轻易想不开。

更多的时候，他喜欢到处闲逛，遇到风景优美的地方，就坐下来盘桓一会儿，碰到私家园林，不管认不认识，他都会叩门但求一赏。山野之间，常常和樵客渔夫不期而遇，他总是央求别人说："讲个鬼故事吧！"若是不善言谈的人说没有故事可讲，他就开朗地笑着说："那随便编一个吧！"

回想起来，屈原在江畔遇到渔夫时，那番关于"沧浪之水"的对话是何等沉重，而东坡和黄州父老的谐谑又是何等轻松。

等到从定惠院搬到临皋亭后，此处面临长江，开窗就能放入一条大江来，可以坐听江涛如雷，如此开阔的风景，让他曾经封闭的心灵也随之开阔起来，他开始觉得这种闲置下来的生活也未尝没有好处，并有感而发写下了一则短章：

临皋亭下八十数步，便是大江，其半是峨眉雪水，吾饮食沐浴皆取焉，何必归乡哉！江山风月，本无常主，闲者便是主人。闻范子丰新第园池，与此孰胜？

闲下来的他，就是这江山风月的主人，黄州的山水慢慢治愈了他的失意，初到此地的惊悸和委屈，都不知不觉消散在江畔的清风之中，多年来在官场奔走的紧张和焦虑，也逐渐随风而逝。

前半生，他一直都在力争上游，犹如一根绷紧了的弦，时刻不得放松，直至被贬到这江畔小城，他才生平第一次彻底放松下来，享受着这迟来的松弛感。

一说到松弛感，总感觉这个近年来流行的热词简直是为东坡量身定制的，可实际上四十四岁之前的他，和这个词语关系不大，处于官场中的人，是很难真正松弛的，顶多是性子活泼一点、口齿伶俐一点，就因为口无遮拦，一不小心就坐了牢，这叫人还如何松弛？

他身上的那种松弛感，是仕途被迫中断后才凸显出来的。可以说，我们熟悉的那个笑口常开、潇洒自若、明亮如秋水、舒展如春风的苏东坡，是在黄州才正式成型的，在某种意义上，可以说是黄州成就了他。

这当然只是外因，真正成就他的还是他自己，多少逐臣迁客，被贬后就牢骚满腹，轻则愁肠百结，重则郁郁而终，东坡就不一样了，生活抽掉了他一个支点，他就转而寻找另一个支点，这条路走不通了，那就换一条路试试，如此走下去，绝境也能化为坦途。

他自悔以往数十年将一腔心血多半花在了应举时文上，这些指点江山的激扬文字，最后只不过为他赢得"谤讪朝廷"的莫须有罪名，痛悔之余，他不愿意再将自己的天赋浪费在时文之上，而是全力倾注于发自本心的创作之上。

艺术是需要闲暇的,闲下来,才有心情去怡养性情,去亲近文艺。他有了更多的时间去寻幽探胜,若不是一次次的赤壁"深度游",而只是走马观花,他也没有办法"三咏赤壁"。

他可以花一整个夜晚,慢慢看月下的竹影是如何爬过粉墙的,再在画纸上细细描摹下竹之风神;他有了更多的时间去独处,很多诗词都写于他深夜独身一人时,比如著名的"夜饮东坡醒复醉"那首,就是写酒后的独自反省,由于结尾有"小舟从此逝,江海寄余生"之句,还让人误会他私自逃遁了,实际上东坡才不会干这种傻事,他选择了另一种逃遁方式,逃遁于艺术之中。

黄州四年,他仿佛被打通了任督二脉,才华如井喷般厚积薄发,那些后来广为人知的作品,大多数创作于这个时期,王水照教授认为:东坡的经历,可大致分为在朝、外任、贬谪几个时期,在朝时往往是创作的歉收期,而贬谪时则往往是创作的丰收期,黄州、惠州、儋州,三个贬谪地,尤以黄州的作品最为出色。尤其是元丰五年,当东坡上的水稻和小麦迎来丰收时,他也迎来了创作生涯最大的一个丰年,文有前后《赤壁赋》,诗词有《定风波》《寒食二首》,书法有《寒食帖》……一系列惊才绝艳的作品横空出世,奠定了一代文宗不可撼动的江湖地位。

失之东隅,收之桑榆,纵是东坡自己也料想不到,竟然是一次贬谪,一个低谷,让他成就了自己的艺术人生。若是一辈子都无此周折,他可能像晏殊那样,做个太平宰相,闲来写写"梨花院落溶溶月,柳絮池塘淡淡风"之类的闲雅诗词,只有在饱经人生的忧患之后，他才能写出"一蓑烟雨任平生"那样的淡定和"拣尽寒枝不肯栖"那样的孤洁。王国维说："一切文字，吾爱以血书者。"血书这么沉重的词语不适合一贯潇洒的东坡，但他的黄州诗文，确实是忧患之作，只不过他这样的绝世高手，可以举重若轻，挥洒自如，在旷达的文字背后，仿佛浸泡着斑斑泪痕，是一束"带泪的微笑"。

松弛下来的东坡，将人生的重心从仕宦和进取转移到了生活和艺术之上，黄州那几年，他将以前因紧张忙碌而搁置的种种爱好一一拾起，以享受悠长假期的心态来享受他的闲置时光。

比如烹饪美食。大名鼎鼎的东坡肉就是他住在黄州时鼓捣出来的，关于这道名菜的故事后面还会提及，在此就不展开了，需要注意的一点是，这道菜的制作极其耗时，和《金瓶梅》中宋蕙莲用一根柴火就能煮出个熟烂猪头的手艺一样，无非是需要烹饪者耐得下烦，花得起时间。若还是以前的"苏太守""苏大人"，怕是没有这个水磨功夫，只有闲下来的苏东坡，才能耐下心来"净洗铛，少著水"，静待"火候足时他自美"。

比如读书著述。读书是东坡终生不辍的爱好，他的一大妙招是边抄边读，这样才能巩固记忆，在黄州时又开始重新抄写《汉书》，达到了随意抽取一段即可大段背诵的熟悉程度。也是在黄州，他开始注解《论语》和《周易》，东坡经学三书的《论语说》和《易传》即完成于此时，也奠定了蜀学一派的学术基础。

比如建房筑屋。东坡特别爱建房子，在黄州时曾先后寓居定惠院、临皋亭，后来终于在朋友们的帮助下，在东坡筑了五间草房，落成之日，正值大雪纷飞，他兴奋地在墙壁上泼墨写意，画下了室外大雪纷飞的场景，并将之命名为"雪堂"，这栋以茅草为顶后方覆瓦的房子，却是他在异乡安下的第一个家，更因为他的人格魅力，成为了黄州的文化中心。……

东坡在黄州的这段经历，总让我想起那个捕鱼为生的武陵人，来到一座山的入口，只见前方仿佛若有光，循着光而行，一开始非常狭窄，仅容一人通过，走了数十步后，终于豁然开朗。

每个人生命中都有这么一段在幽暗的旅程中独自跋涉的时光，你无法依赖任何人，只能在狭窄的通道中踽踽而行。但是不要怕，因为前方还有微光在闪烁，只需循着光而去，终有一天会迎来豁然开朗的人生境界。牵引着东坡一路前行的那道光，正是他挚爱了数十年的文学艺术，照亮了他的至暗时刻，并将之神奇地化为艺术创作上的高光时刻。

到了元丰六年，东坡已经彻彻底底地适应了作个闲人的生活，这年的一个秋夜，他正欲睡觉，却见月色正好，舍不得就此入眠，于是披衣起床，去承天寺寻找一个叫张怀民的朋友，于是有了下面这则绝妙小品：

元丰六年十月十二日夜，解衣欲睡，月色入户，欣然起行。念无与为乐者，遂至承天寺寻张怀民。怀民亦未寝，相与步于中庭。庭下如积水空明，水中藻、荇交横，盖竹柏影也。何夜无月？何处无竹柏？但少闲人如吾两人者耳。

此时东坡行文，已如风行水上，要多自在就有多自在。承天寺夜游令人想起王子猷雪夜访戴的故事，但王子猷不见友人而返太过刻意，不无自夸的嫌疑，哪比得上东坡这般自然。

一次不朽的漫游，成就了一则不朽的短文，慰藉了从宋时至今千千万万颗因紧张焦虑而不得放松的心，提醒我们走得太快的时候，不妨停下来，慢下来，去享受这片刻闲暇。

承天寺中和友人相对月光浴的东坡那时还不知道，他的后半生将更加奔波动荡，那个时候的他，只能在诗词中一次次憧憬：

几时归去，作个闲人。对一张琴，一壶酒，一溪云。

（《行香子》）

一千多年后埋首于格子间忙忙碌碌的我，读到这句词，忍不住心有戚戚，真想伸出手去，跟时光深处的东坡握个手。

雨中绝唱：从《寒食帖》到《定风波》

元丰五年黄州的寒食节，是东坡生命中的重要一日。

南方的雨，一下起来就连绵不断，那年寒食前后的雨，比以前要更大一些，也下得更久一些。雨一直下，天地间仿佛都被笼罩在这连绵阴雨之中，寄居的草屋就成了一叶孤舟，在风雨飘摇中无处可依，坐困小屋的诗人挥笔写下了《寒食雨》二首：

其一

自我来黄州，已过三寒食。
年年欲惜春，春去不容惜。
今年又苦雨，两月秋萧瑟。
卧闻海棠花，泥污燕脂雪。
暗中偷负去，夜半真有力。
何殊病少年，病起头已白。

其二

春江欲入户，雨势来不已。

> 小屋如渔舟，濛濛水云里。
> 空庖煮寒菜，破灶烧湿苇。
> 那知是寒食，但见乌衔纸。
> 君门深九重，坟墓在万里。
> 也拟哭途穷，死灰吹不起。

天气看来真的可以影响人的心情，雨天让人伤感，一世界的雨声，一世界的萧瑟，诗人被雨困在了小屋之中，心境也变得黏糊糊阴沉沉起来，禁不住陷入了追忆年华似水的忧伤之中。

第一首诗写的就是这种时光飞逝、悼惜年华的感伤。转眼之间，苏轼来黄州已经三年了。三年里他尽量调适心情、悠游度岁，可那一腔淑世的热情始终不灭，是以他在给知交李常信中坦言："吾侪虽老且穷，而道理贯心肝，忠义填骨髓，直须谈笑于死生之际。……虽怀坎于时，遇事有可尊主泽民者，便忘躯为之，祸福得丧，付与造物。"

都说他旷达，但再旷达的人，只要稍有心肝，经此大变，不可能全无痛楚，就像此刻，对着那苦雨连绵、萧瑟如秋的景象，心底那道尚未结痂的伤口又开始隐隐作痛，并一发而不可收拾。每年三月初三，本是他和朋友在海棠花下共醉的好时辰，可今年，他却只能独坐小屋，暗想那娇艳如胭脂雪的蜀地名花，也无端被风雨摧折了。他的青春就像那雨中海棠一样，骤然凋谢，无可挽回，过往的时光，仿佛一夜之间被人偷负而走，数年前他还雄姿英发，转眼间却已两鬓苍苍。

如果说第一首是一曲青春的挽歌，那么第二首就是一曲穷途的痛哭。雨越下越大了，整座小屋完全被雨困住，"空庖煮寒菜，破灶烧湿苇"，生活竟沦落至如此困窘匮乏。门外"乌衔纸"的景象，让他想起君门深恩已远隔九重，亲人坟墓则在万里之外，心底的伤痛愈发变得鲜明，那痛楚袭上心头，锐不可当，他想学阮籍那样穷途一哭，却早已心如死灰，连哭的激情也没有了。

这两首诗，堪称东坡生平最为沉痛之作，光论诗在他的作品中并不算佳，可连他本人也没想到，正是黄州这一场大雨，成为了书法史上最为著名的一场雨（祝勇语）。

《寒食帖》被称为天下第三行书，仅次于王羲之的《兰亭序》和颜真卿的《祭侄文稿》。

某乎上有一个关于《寒食帖》的问题，提问者对此帖排名为天下第三行书感到不解，觉得有负盛名。

老实说，初次见到《寒食帖》的摹本时，我也有过这种疑问，因为它不太符合我们对传统书法的那种观感，不像《兰亭序》那样潇洒飘逸，字字精妙，如同插花美人，顾盼生姿，简而言之，《兰亭序》就像精心修饰过的大家闺秀，而《寒食帖》看上去则像粗服乱发的贫家女子。

东坡书法以"随意"著称，他说自己"我书意造本无法，点画信手烦推求"，其中《寒食帖》写得最为"随意"。他传世的名帖如《天际乌云帖》《李白仙诗卷》等遒媚圆润，仙气飘飘，宛如行云流水，字体结构也较为均匀。

《寒食帖》就不太一样了，好比初学书法的蒙童，字体忽大忽小，用笔忽粗忽细，结构也变化多姿，写到兴起时，竖笔突然拉得很长，甚至写了错别字，他也随意涂改。《寒食雨》的诗意一味往低了走，调子越唱越低，心绪越来越灰暗，《寒食帖》却不一样，看得出激烈的情绪起伏，书写者的情绪时而低落，时而高昂，字字飞动，跌宕豪逸，字体由小到大、由细到粗，越写到后面越是挥洒自如，越是有一股生命的豪情喷薄而出。

东坡的字，经常被人嘲笑是"石压蛤蟆"，意思是既圆且扁，不大好看，他并不介意，自承"吾书虽不甚佳，然自出新意，不践古人，是一快也"。宋人尚意，《寒食帖》正是将东坡"自出新意，不践古人"的一面发挥到了极致，诗情与书艺完美地结合在一起。

如果说王羲之的《兰亭序》完美演绎了传统书法那种至阴至柔的美学，是"美"的标本，那么《寒食帖》则是"棉中裹铁"，圆润的线条中藏着极为锋锐的力量，是"力"的典范，就算是不懂书法的人，也会被满纸至刚至正的生命力深深震撼，其虽粗服乱发，也不掩国色。

关于《寒食帖》的妙处，蒋勋有一段话说得很好："美学中最难的是自然而不做作，这个书法难的不是技巧，而是难在心境上不再卖弄。写诗不卖弄，写字也不卖弄，写得丑丑的，有什么关系呢？"

黄庭坚就很欣赏《寒食帖》的率性而为、朴拙天真，他之前对老师的书法还有点不服气，见到此帖之后，却盛赞"东坡此诗似李太白，犹恐太白有未到此处。此书兼颜鲁公、杨少师、李西台笔意,试使东坡复为之,未必及此。他日东坡或见此书,应笑我于无佛处称尊也"。

一切艺术作品,最终打动人的还是其中蕴含的情感力量。若是不了解东坡在黄州的这段经历,自然读不懂《寒食帖》背后蕴含的苍凉沉痛。读过一些关于此帖的鉴赏文章,其中最喜欢的是寓居纽约的文化学者张宗子所撰写的这段:

> 人随着笔的起伏而起伏,小小的字把人压抑得喘不过气来,每一笔一画都像撞到墙上,整个身体悬在空中,肌肉收缩得生疼……现在他放开了,一股强力猛然迸发出来,手臂痛快淋漓地左右上下挥舞,血液和肌肉放声高唱,头发和骨骼放声高唱,身体的每一个器官都在放声高唱,而墨像火焰一样激动地哆嗦着,恨不得烧红了那纸,而纸则像年轻人的心脏一样强有力地承受着……[1]

在1082年的寒食日,在黄州,连绵不断的雨反复应和的,就只是苏轼的这一句话:

> 我已经不再年轻了,但还没有老,更加没有死。

是的,心如死灰又如何,只要胸中那一点生机不灭,死灰也会

---

[1] 引自张宗子《梦境烟尘:张宗子自选集》,九州出版社2012年版。

有复燃之日。

正如作家潘向黎[1]所说，东坡最大的优点，是善结又善解。他虽然容易忧伤（这是诗人的天性），但也容易快活，他才不会任由心情长久地陷入灰暗的沼谷之中，每一次低落消沉、幽径独行，都是为了走向更加豁然开朗的境界。

仿佛是黎明前的黑暗，在经历过寒食的极度低沉之后，他的情绪很快触底反弹。到了三月初七这天，他听说沙湖那边有肥沃的良田可买，便约了几个朋友一起去看田。有此兴致，说明他已经完全挣脱了那种心如死灰的状态，重新热爱起此时此地的生活来。结果田没买成，回来的路上又遇到了下雨，于是一行人淋了场雨，就是这场雨，淋出了一阕雨中的绝唱，也就是那首脍炙人口的《定风波》：

莫听穿林打叶声，何妨吟啸且徐行。竹杖芒鞋轻胜马，谁怕？一蓑烟雨任平生。

料峭春风吹酒醒，微冷，山头斜照却相迎。回首向来萧瑟处，归去，也无风雨也无晴。

词前有小序：

---

[1] 潘向黎：小说家，文学博士。出版小说集《白水青菜》等，专题随笔集《茶可道》《看诗不分明》《梅边消息：潘向黎读古诗》《古典的春水：潘向黎古诗词十二讲》等。其作品曾获第四届鲁迅文学奖、人民文学奖等。

三月七日，沙湖道中遇雨。雨具先去，同行皆狼狈，余独不觉。已而遂晴，故作此词。

"同行皆狼狈"，可见并不是那种沾衣欲湿的杏花雨，雨声也足以穿林打叶，可见这雨下得并不小，但竹杖芒鞋的东坡先生，却依然不疾不徐地漫步于风雨之中，一点都不慌张。

境随心转，心境变了，眼前的雨，也由恼人的凄风苦雨变成了可人的春日喜雨，当同伴都忙着躲雨时，只有他懂得享受雨中漫步的兴味。

如果要给苏东坡画一幅像，估计很多人都会选择这雨中漫步的一幕作为原型，那种吟啸徐行的风度，那副竹杖芒鞋的装扮，还有那种旁若无人的派头，正是后世人们最熟悉的那个潇洒东坡，没有这沙湖道上突如其来的风雨，没有狼狈不堪的同行的衬托，就彰显不了他骨子里透出的那股潇洒劲儿。

"一蓑烟雨任平生"，说的是在风雨中安之若素，若干年前，我就此词写过一段体悟：

"雨一旦下起来，周围没有躲雨的地方，你跑得再快，也跑不出这漫天风雨。那就不跑了，索性把脚步慢下来，'何妨吟啸且徐行'，前方是雨是晴，不用管它，我们只需慢慢地走下去就行。

"我知道我现在身处窘境中，我也知道这窘境可能会持续好长一段时间。索性就不急于摆脱，在这窘境中慢悠悠地往前走。

"我当然希望前面天能放晴，但如果这雨要一直落下去，我想我也能够心平气和。"

那时历世未深,欣赏的还是"一蓑烟雨任平生"的旷达,现在想来,彼时我对东坡的理解还是浅了。雨中的他,真的如我一样"希望前面天能放晴"吗?恐怕未必如此,接着来看下片。

走着走着,迎面吹来一阵料峭春风,带着微微的凉意吹醒了他的酒意,这时雨渐渐停了,迎接他的,是暮春里那一片温暖的斜阳。

阳光照在身上,也洒在心里,回首看过去,一片雨打风吹后的狼藉,而刚刚经历过这一切的他,心中早已"也无风雨也无晴"。

所以"希望前面天能放晴"只是我等俗人的念头,因为按照通常的价值观来说,总觉得晴天要比雨天好,顺境要比逆境好,每当身处逆境的时候,总是希望它能够快快结束。一旦有了这种只能处顺无法处逆的执念,那么处于顺境的时候唯恐会失去所拥有的,处于逆境的时候则只盼着时来运转,不是在焦虑未来,就是在懊恼过去。

沙湖道上的东坡,早已经历经沧桑,尝遍了跌宕起伏的滋味。

回顾这大半生,悲欣交集,得意时鲜衣怒马、意气风发,失意时穷愁潦倒、困守一隅,得意也好失意也罢,归根究底都如水月镜花,过眼成空。如果说生活教会了他什么经验,那就是对于漫长人生来说,唯有无常才是永恒,唯有变化才是永恒。

东坡早就懂得拥抱这种变化,他懂得晴天有晴天的好处,雨天有雨天的曼妙,"水光潋滟晴方好,山色空蒙雨亦奇",而到了沙湖道上,他的心态愈发好了,不是在风雨中安之若素,而是超越了风雨之上。外界的变化如雁过寒潭、影来镜中，顺也好，逆也好，都是生活应有的滋味，苦难也好，幸福也罢，都是人生的一段经历，再激不起心灵上的任何涟漪，无论穷通荣辱，都能以一颗平常心淡然对待。

换而言之，外界的变化无法控制，我们能够把持住的，只有我们自己这颗心，外面的世界风雨如晦，我们能够做的，是时时修好这颗心，擦拭掉落在其上的尘埃，让它心如明镜、纤尘不染，才能超越风雨得失，看淡荣辱是非。

"也无风雨也无晴"，是我们常说的平常心即道，也是禅宗①有云的"心无挂碍，无有恐怖"，更是他幼时所崇拜的范仲淹在《岳阳楼记》中所说的"不以物喜，不以己悲"的回响。

有过执着，才能放下执着，有过挂碍，方能了无挂碍，正是在饱经政治风雨、人生风雨之后，东坡才得以在沙湖道上领悟到平常心是道。

再回首时，风波已定，他的人生将迈向更加超逸从容的境地，因为他已经拥有了一颗自由的心，再没有任何风雨可以将他困住。

---

① 禅宗：又名佛心宗，中国汉传佛教主导宗派，始于菩提达摩，盛于六祖惠能，中晚唐之后成为汉传佛教的主流。

三咏赤壁：赤壁下的涅槃

有个自称坡迷的朋友，曾经专程去黄州一游，去了后大失所望，别说定惠院、临皋亭、雪堂、东坡这些古迹早已经淹没无踪了，就连大名鼎鼎的赤壁，跟他的心理预期也相差太远了。他是抱着朝圣的心情去的，由于长江改道，压根见不到"乱石穿空，惊涛拍岸，卷起千堆雪"的壮观了，眼前这道赭红色的崖壁，除了颜色的确称得上赤壁，看上去也没有"断岸千尺"的气势。

我笑他缺乏想象力，范仲淹没去过岳阳楼，还写下了千古名篇《岳阳楼记》，东坡当年所游的赤壁，也未必比如今的壮美多少，若把他笔下的风光完全当成实景，那就过于胶柱鼓瑟了。

当年东坡一来到黄州，就听说过赤壁之名，此处又名赤鼻矶，因石色如丹、崖壁似赭而得名，当地人都说是当年周瑜破曹军之处。以东坡之博学，当然不会盲从，《苕溪渔隐丛话》记载了一段他的话，东坡云："黄州西山麓，斗入江中，石色如丹，传云曹公败处，所谓赤壁者。或曰非也，曹公败归由华容路……今赤壁少西，对岸即华容镇，庶几是也。然岳州复有华容县，竟不知孰是。"可知他本人早就对此处是否为赤壁古战场质疑过。

赤壁，只是恰巧契合了东坡思古的幽情，至于它是不是赤壁大战发生的地方，以及景象到底有没有那么气象万千，倒不是特别重要。

可以肯定的是，他确实很喜欢这一带的风光，刚来黄州就和苏辙前去游玩，后来更是频频和朋友一同泛舟赤壁之下，连四十七岁的生日宴也是在江中壁下举行的。江边有许多晶莹可爱的小石子，他常常边走边拾，带回家中用清水供在盆中，称为"怪石供"。

东坡素来喜欢奇石。赤壁，也可以看作一块放大了无数倍的怪石，难怪他爱在此处徘徊，并先后写下了《念奴娇·赤壁怀古》，前后《赤壁赋》，《赤壁记》，其中以前面三篇作品最为著名。

论脍炙人口的程度，《念奴娇·赤壁怀古》可以拔得头筹，若将它排为豪放词中第一名，想必有异议的读者也不会太多，全词如下：

大江东去，浪淘尽，千古风流人物。故垒西边，人道是，三国周郎赤壁。乱石穿空，惊涛拍岸，卷起千堆雪。江山如画，一时多少豪杰。

遥想公瑾当年，小乔初嫁了，雄姿英发。羽扇纶巾，谈笑间，樯橹灰飞烟灭。故国神游，多情应笑我，早生华发。人生如梦，一尊还酹江月。

这首词写于何年不如前后《赤壁赋》那样清晰，很多人将它归结于元丰五年所作，但我更赞成写于元丰三年的说法，因为从《念奴娇·赤壁怀古》到《赤壁赋》，再到后《赤壁赋》，思想上很明显存在着一种层层递进的关系，此词的创作应该远远早于前后二赋。

赤壁三咏可以看成是"超越三部曲",要超越的,不再是功名利禄,而是时间的压迫。人的生命是有限的,如何让自己在有限的生命里活出意义来,是从古至今知识分子都在探索的终极命题,东坡始终是有济世之心的,在这边荒小城中被闲置难免会产生一种虚度年华的焦虑感来。

李一冰就曾指出过:"苏轼的痛苦,是时间对他的压迫。"

"逝者如斯夫,不舍昼夜",奔腾的江水特别容易让人勾起岁月易逝、时光不再的感伤,但东坡天生神力,以一支凌云健笔来描摹眼前的壮丽江山,劈头就放出一条大江来,将千古风流人物一网打尽,一幅融合了壮阔历史和如画江山的宏大画卷徐徐展开,尽显词人的豪迈手段和英雄本色,冲淡了逝水东流的那种伤感。"人道是,三国周郎赤壁",可见他并没有把道听途说的古战场遗址当回事。

三国英雄辈出,为何东坡却独独拈出周瑜作为其中的代表?

可能是因为周瑜最符合他对少年英雄的想象。

"江东子弟多才俊",三国时的东吴盛产少年英雄,从主公到将领,都不乏年少成名的英杰,如孙策、孙权、吕蒙等,其中尤以周瑜为杰出代表。

历史上的周瑜,可不像《三国演义》中那么窝囊小气。赤壁大战时,他还只有三十四岁,却联合蜀军带领着一群年轻的将士们以少胜多,大败曹操,这是何等的雄姿英发。周瑜不仅极具军事才能,还美仪容、精音律,赢得了"曲有误,周郎顾"的美名。只怪罗贯中,不仅将周瑜的智谋都算到了诸葛亮头上,连他羽扇纶巾的行头,都给了诸葛亮。

在下片中，东坡成功地为我们示范了如何生动地塑造一个历史人物，他独独拈出两个画面，将周瑜"小乔初嫁了"时的雄姿英发与"谈笑间，樯橹灰飞烟灭"的潇洒自若并列，柔情与侠骨、剑胆与琴心、绕指柔与百炼钢完美地结合在一起，历史深处的少年英雄顿时鲜活了起来。

对比起来，周瑜是何等年少有为，三十四岁就建立了不朽之功业，而自己则是何等老大无成，四十多岁了还在蹉跎岁月，多情多恨，换来的唯有早早生出的华发。年少的梦想，青春的激情，美好的过往，都随着这江水一去不复返，伫立江边，豪情只剩下一襟晚照。时间的压迫至此到达了顶峰，到最后，东坡终于忍不住发出了"人生如梦"的感叹，将酒洒入江中祭奠的行为算是强自开解，但那种浪掷光阴的黯然还是掩盖不住了。

到了元丰五年，东坡的心境已经悄然发生了变化，这年秋天，他和朋友们一起泛舟月下，写下了人人称赞、诵读的《赤壁赋》：

> 壬戌之秋，七月既望，苏子与客泛舟游于赤壁之下。清风徐来，水波不兴。举酒属客，诵明月之诗，歌窈窕之章。少焉，月出于东山之上，徘徊于斗牛之间。白露横江，水光接天。纵一苇之所如，凌万顷之茫然。浩浩乎如冯虚御风，而不知其所止；飘飘乎如遗世独立，羽化而登仙。
>
> 于是饮酒乐甚，扣舷而歌之。歌曰："桂棹兮兰桨，击空明兮溯流光。渺渺兮予怀，望美人兮天一方。"客有吹洞箫

者，倚歌而和之。其声呜呜然，如怨如慕，如泣如诉，余音袅袅，不绝如缕。舞幽壑之潜蛟，泣孤舟之嫠妇。

苏子愀然，正襟危坐而问客曰："何为其然也？"客曰："'月明星稀，乌鹊南飞'，此非曹孟德之诗乎？西望夏口，东望武昌，山川相缪，郁乎苍苍，此非孟德之困于周郎者乎？方其破荆州，下江陵，顺流而东也，舳舻千里，旌旗蔽空，酾酒临江，横槊赋诗，固一世之雄也，而今安在哉？况吾与子渔樵于江渚之上，侣鱼虾而友麋鹿，驾一叶之扁舟，举匏樽以相属。寄蜉蝣于天地，渺沧海之一粟。哀吾生之须臾，羡长江之无穷。挟飞仙以遨游，抱明月而长终。知不可乎骤得，托遗响于悲风。"

苏子曰："客亦知夫水与月乎？逝者如斯，而未尝往也；盈虚者如彼，而卒莫消长也。盖将自其变者而观之，则天地曾不能以一瞬；自其不变者而观之，则物与我皆无尽也，而又何羡乎！且夫天地之间，物各有主，苟非吾之所有，虽一毫而莫取。惟江上之清风，与山间之明月，耳得之而为声，目遇之而成色，取之无禁，用之不竭，是造物者之无尽藏也，而吾与子之所共适。"

客喜而笑，洗盏更酌。肴核既尽，杯盘狼藉。相与枕藉乎舟中，不知东方之既白。

这次赤壁之游是在元丰五年的一个秋天，这一年，东坡已经四十七岁了，也走进了他人生中的秋天。

秋天是兴尽悲来的季节,但同时也是绚烂丰收的季节。秋天在四季中的地位,就好比人到中年。都说中年人活得最狼狈辛苦,但中年有中年的好处,就好像秋有秋的好处,东坡就写过赞美秋天的诗句"一年好景君须记,最是橙黄橘绿时"。

告别了少年时的意气风发,收敛了青年时的锋芒毕露,元丰五年的东坡,正式迈入一个圆融通达的人生境界。年少得志的人总是比较晚熟,来黄州之前的东坡,是有些愣头青的,直到黄州四年的贬谪时光,才脱去身上的青涩,迎来了迟到的成熟。

正如余秋雨在《黄州突围》一文里所说,"与古往今来许多大家一样,成熟于一场灾难之后,成熟于灭寂后的再生,成熟于穷乡僻壤,成熟于几乎没有人在他身边的时刻",然后用了一连串的比喻来形容什么是成熟。

值得补充的一点是,对于东坡来说,成熟是一种脱胎换骨般的蜕变,他给朋友写信说,你以前见到的是"故我",而不是今天的我。

赤壁下的东坡,已经是一个全新的"我"。岁月已经把他淬炼成了一块玉,光华内敛,圆融温润。早有学者指出,主人和客人的问答,其实就是东坡"旧我"与"新我"的对话。

那个过去的"旧我",尚处于对时间的焦灼和对死亡的恐惧之中,也可以看成是写作《赤壁怀古》时的东坡,而与他相对的苏子,则已完全从这种焦灼和恐惧之中解脱出来。

在漫长的历史和壮丽的江山面前,人其实渺小如蝼蚁,既然如此,不如把自己当成一滴水、一缕月光,融入滚滚长江、亘古明月之中去。人生如此苦短，所以更加不要将生命浪费在蝇营狗苟和追名逐利之上，只有身心俱闲的人，才能享受这美景良辰，以有限的生命来拥抱无限的美好，清风朗月不用一钱买，那是大自然给予我们的取之不尽的馈赠。

曾经有过的惶恐、忧惧、挣扎、焦虑、紧张都在这月光之下消融掉了，在经历了躬耕东坡的辛劳、放浪山水的闲适、寒食苦雨的煎熬以及沙湖道上的开悟之后，东坡终于在这赤壁之下完成了他的涅槃。

清风之中、月光之下的东坡，仿佛全身都被注满了月光，表里俱澄澈，肝胆皆冰雪，世界赐予他清风明月，他则报之以一世界的光华流转、纤尘不染，以光照千古的文字。

这一夜的东坡，总让我想起庄子笔下那个"绰约若处子""肌肤若冰雪""吸风饮露，乘云气，御飞龙"的姑射真人，当然两者的形象完全不像，但精神内核却是一致的。东坡一直崇拜庄子，幼年读到《庄子》，就立刻欣喜不已，说："吾昔有见于中，口未能言，今见《庄子》，得吾心矣。"

《赤壁赋》中处处可见到《庄子》的影响，在赤壁的江声水色中，东坡宛若化成了庄子笔下的那只蝴蝶，凭风而行，超然物外，乘天地之正，御六气之辩，栩栩然与天地合一、与万物并生，就在这一夜，他已经超越了时间的限制，更超越了功利的束缚，彻底实现了无拘无束、自由自在的逍遥游。

东坡的一支笔，至此已臻于化境，"行于其当行，止于其当止"，他过往的文章不乏泥沙俱下、粗枝大叶的毛病，一篇《赤壁赋》却犹如浸泡在月光之中，是那般空明、澄澈，字字都是珠玑，句句都是行云流水，没有一点枝蔓，增之一分则长，减之一分则短，任何一个懂得汉语之美的写作者见到这样的文字都忍不住要顶礼膜拜。

诗人于坚说，二十一岁时偶然读到了《赤壁赋》，当时目空一切的他瞬间被这穿越千年的至文所感动、慑服了，他的世界观因而也被彻底改变，变得清晰、明确。青年时代，他曾一次次背诵《赤壁赋》，每一次都会被如此平和、澄明、诗意的文字感动得热泪盈眶。

即使是不识字的人，不懂文字后面的大道理，也会被它打动，因为实在写得太美了，每一句都值得反复吟诵。台湾学者衣若芬在书里讲述过这样一个故事：大半生漂泊在外的侨胞，临终时被病痛所苦，亲人们试了很多种方法都没法减轻他的痛楚，最后想到一个法子，就是拉着他的手，一起轻声背诵《赤壁赋》。奇迹发生了，这漂泊了一生的灵魂，竟然在亲人们轻诵《赤壁赋》的声音中得到了宁静，心平气和地走向了人生的终点。

"浩浩乎如冯虚御风，而不知其所止；飘飘乎如遗世独立，羽化而登仙"，这样纯净优美的句子，确实足以慰藉千千万万曾经备受苦楚的灵魂，一篇《赤壁赋》，也不妨看成一阕安魂曲，可以让曾读过此赋的中国人放下对死亡的恐惧。在衣若芬所讲的故事里，艺术取代了宗教，同样发挥着类似于终极关怀的作用。

现在我们要进入后《赤壁赋》的世界里了：

是岁十月之望，步自雪堂，将归于临皋。二客从予过黄泥之坂。霜露既降，木叶尽脱，人影在地，仰见明月，顾而乐之，行歌相答。已而叹曰："有客无酒，有酒无肴，月白风清，如此良夜何！"客曰："今者薄暮，举网得鱼，巨口细鳞，状如松江之鲈。顾安所得酒乎？"归而谋诸妇。妇曰："我有斗酒，藏之久矣，以待子不时之需。"于是携酒与鱼，复游于赤壁之下。江流有声，断岸千尺；山高月小，水落石出。曾日月之几何，而江山不可复识矣。

予乃摄衣而上，履巉岩，披蒙茸，踞虎豹，登虬龙，攀栖鹘之危巢，俯冯夷之幽宫。盖二客不能从焉。划然长啸，草木震动，山鸣谷应，风起水涌。予亦悄然而悲，肃然而恐，凛乎其不可留也。反而登舟，放乎中流，听其所止而休焉。时夜将半，四顾寂寥。适有孤鹤，横江东来。翅如车轮，玄裳缟衣，戛然长鸣，掠予舟而西也。

须臾客去，予亦就睡。梦一道士，羽衣蹁跹，过临皋之下，揖予而言曰："赤壁之游乐乎？"问其姓名，俯而不答。"呜呼！噫嘻！我知之矣。畴昔之夜，飞鸣而过我者，非子也邪？"道士顾笑，予亦惊寤。开户视之，不见其处。

离上次赤壁之游，时间过去了三个月，时序已从秋天进入了冬季，触目所及，"白露横江，水光接天"的秋景也变成了"霜露既降，木叶尽脱"的冬景。

在普罗大众中，后赋远不如前赋流行，而在少数文人心目中，则对它给予了更高的评价。比如李贽就说:"前赋说道理,时有头巾气。此则空灵奇幻,笔笔欲仙。"明代公安三袁之一的袁宏道也说:"《前赤壁赋》为禅法道理所障,如老学究着深衣,遍体是板;后赋平叙中有无限光景,至末一段,即子瞻亦不知其所以妙。"

身为普罗大众的一员,这点上"吾从众",更喜欢前赋。李贽们也实在不必讥笑大众们没品位,因为东坡写作前后两赋的心态显然不一样,与前赋相比,后赋要私人化得多,手法也相当意识流,风格有点像《东坡志林》中记载的那些奇奇怪怪的梦境。东坡自己也深知二赋的不同,所以他常常手书前赋送人,却几乎不写后赋送人,显然他知道前赋更适合和人们分享,而后赋那种玄妙莫测的风格,不是每个人都能够欣赏得了。比较起来,前赋是他深思熟虑的结果,是人生智慧的结晶,而后赋则只是偶然间的灵光一闪,一个倏然而逝的片段,用来满足他本人好奇的一面。

不过我还是很喜欢结尾道士入梦的场景,堪称神来之笔,让全篇亦真亦幻的气氛达到了顶点,有的版本作"梦二道士",如果是这样的话,那就更加显得神秘莫测了。

如果说二赋有什么共同点,那就是对尘俗功利的超越,冯友兰将人生分为四境界,经历了赤壁之下明月清风的洗礼,东坡的人生也正式进入了天地境界,"独与天地精神往来"。

初赴黄州时的怨气已经一扫而空,元丰七年,从黄州走出来的东坡,不怨天,不尤人,将命运加之他身上的一切都视为馈赠,坦然接受。

黄州与东坡,从此两不朽。

第二章 面对敌人——修得一颗宽容心

世间一切都在变化之中，人和人之间的关系更是如此。东坡用自己的经历证明了——只要人的胸襟够宽广，友谊是可以超越政见、利益的。

与王安石：从公已觉十年迟

还是要从乌台诗案说起。

元丰二年的秋天，是东坡生命中最难熬的一个秋天。那时他正困于御史台一座深井似的监狱之中，焦灼地等待着最后的审判。

狱中的他不知道，在此时，有一匹快马从金陵连夜赶到了汴京，有一道折子从千里之外送到了神宗手中，折上没有多余的话，只有一句：岂有圣世而杀才士乎？

就是这句话，一锤定音，改写了狱中人的命运。

上书的人，正是王安石。那时他虽已罢相闲置在家，但宋神宗对他，始终保持着一个学生对老师的崇敬，他说的话，对神宗具有一言九鼎的影响力。当时神宗本来就已有赦免东坡之心，见了这道折子后，更加坚定了决心。

世人皆说东坡下狱是因为王安石，却不知他非但不是迫害者，还是众多营救者之一。诗案发生时他早就罢相了，李定、舒亶等人的罗织，他根本就不知情。

困在狱中的东坡，可能怎么也没有想到，在他最困难的时候，王安石居然会伸出援手。

众所周知，他们一度是死对头。

如果没有变法，也许他们可以成为好朋友，因为放眼整个同时代的人，都很难找到像他们这样在才华、学问、视野、境界各方面都相颉颃的杰出人物。

历史书中的王安石，被称为北宋最著名的改革家，而改革家不管是生前身后，都是备受争议的。

在仁宗年代，当东坡兄弟忙着拜访欧阳修、韩琦等名流公卿，为跻身于士大夫的核心圈子而欣喜时，比他年长十六岁的王安石却徘徊在主流之外，埋头做着他的地方官，进行小规模的改革试验。

今天看来，苏氏兄弟走的是一条主流大道，他们想要的，是在现有的世界里扬名立万。王安石不一样，他一直是另类的，大佬们主动与他结交，他也不爱理睬，朝廷多次升他的官，他还是宁肯外任。这样的人，一开始大家都把他看成一股清流，殊不知，人家早有鸿鹄之志，他的志向不是在这个世界成名，而是彻底改造这个世界（朱刚语）。

那个时候，王安石是有点瞧不上苏氏兄弟的，孤傲如他，总觉得应该和朝廷大佬们保持距离，非如此，不能显示出自己的不慕名利。而苏家父子仨，也看不惯王安石，总觉得此人额头上就贴着两个字——矫情！

苏王之间的恩怨由来久矣，王安石对苏氏兄弟的文章深不以为意，认为他们兄弟二人的文章和他们父亲的一样，"全类战国文章，若安石为考官，必黜之！"

早在苏氏兄弟双双中制科的嘉祐年间，王安石给东坡写了份

制词:

> 敕某。尔方尚少,已能博考群书,而深言当世之务,才能之异,志力之强,亦足以观矣。其使序于大理,吾将试尔从政之才。夫士之强学赡辞,必知要然后不违于道。择尔所闻,而守之以要,则将无施而不称矣,可不勉哉!

可见尽管不喜欢东坡,王安石也不得不承认他是个难得的奇才。

对苏辙,王安石就没那么客气了,因为觉得苏辙在策论中攻击人主是沽名卖直,直接拒绝为他写任命文书。

苏辙一气之下只得自动辞官养亲,以表明自己并非如此。这下更加拱了苏洵的火,本就看不惯王安石的他挥动如刀利笔,写出了千古雄文《辨奸论》,将王安石描述成阴险狡诈的小人,说他"口诵孔、老之言,身履夷、齐之行,收召好名之士、不得志之人,相与造作言语,私立名字,以为颜渊、孟轲复出,而阴贼险狠,与人异趣",苏氏父子三人如一体,东坡对王安石的态度很难不受其父亲和弟弟的影响。

熙宁年间,北宋正式进入王安石变法时代,因推行青苗、免役、均输等新法时过于独断专行,人人都称王安石为"拗相公",他任参知政事后,号称"天命不足畏、祖宗不足法、人言不足恤",倒是挺有点"虽千万人吾往矣"的铁腕风采。

改革是需要政学一体的,除了新法之外,王安石还推行新学,废除科举考试中的诗赋取士，改成以经义和策论为主，同时编撰《三经新义》，于熙宁八年颁于学校，成为法定教材，从此凡是想要通过科举考试的，必须得以《三经新义》为唯一教材。

不管是新法还是新学，需要的都是统一思想、统一行动，王安石甚至清洗了御史台，全部换成了自己的人，以防出现异议。而这种一言堂的作风，是东坡最不能忍受的。

在变法初期，和弟弟苏辙再三上书弹劾相比，东坡显得有点沉默。直到新学一出，他再也坐不住了，赶紧写了《议学校贡举状》上书，明确反对废除诗赋取士，还得到了神宗的召见，王安石听到后很不高兴。

神宗爱惜东坡之才，数次想重用他，王安石总是反对，理由是："轼与臣所学及议论皆异，别试以事可也。"他故意安排东坡做开封府推官，想用烦冗的吏务来困住他，岂料东坡处理公事游刃有余，在开封时又写出了洋洋万言的《上神宗皇帝书》《再上神宗皇帝书》，激烈地抨击了新法的弊端，并直接攻击王安石及其所属的新党，说变法导致"物论沸腾，怨讟交至，公议所在，亦可知矣"，并劝诫神宗"惟陛下以简易为法，以清净为心，使奸无所缘，而民德归厚，臣之所愿厚风俗者，此之谓也"。

东坡因看不惯王安石以独断专行的作风推行新法，竟在考进士策问时出了这样一个题目："晋武平吴以独断而克，苻坚伐晋以独断而亡，齐桓专任管仲而霸，燕哙专任子之而败，事同而功异，何也？"这种不满新法作派的含沙射影的考题，终于让王安石对他忍无可忍，对神宗说："轼才亦高，但所学不正，请黜之。"并让御史谢景温查找他的过失,弹劾苏氏兄弟运父亲灵柩回乡时偷运私盐,虽然后来查出纯属子虚乌有,但东坡已自知在朝中待不下去,只得自请外放杭州。

在杭州、密州等地做官的时候,东坡仍然没有停止对新法的批判,不仅对某些法例公开拒绝执行,而且写了一大堆语含讥讽的诗,这些,都成了他日后的"呈堂罪证"。

据《宋史·苏轼传》记载:"时新政日下,轼于其间,每因法以便民,民赖以安。"也就是在这个过程中,东坡对新法的态度有了微妙的变化,他发现如免役法等,对于民众还是有好处的,可总体来说,还是牢骚满腹。

王安石这个时候的日子也不好过,因反对者众,他一度罢相,后来虽然又起用了,但又遭到吕惠卿背叛,加上爱子王雱英年早逝,他心灰意冷,退居金陵,从此自号"半山居士",终日吟诗诵佛。

就是在他彻底归隐之后,东坡罹遭了生平未有的大祸,他在湖州刚一上任就给神宗写了一篇《湖州谢上表》,却不想祸从口出,被有心之人抓住了把柄,李定等人以此为契机,再结合他之前的文章诗篇,挑出个中字句,如"愚不适时,难以追陪新进""老不生事,或能牧养小民"等带些情绪的文字,给东坡扣上罪名,因言获罪,于是出现了本文开头描写的那一幕。

回顾苏王之间的恩怨,不难发现他们之间的尖锐对立主要发生在熙宁年间,也就是王安石初执相位时。

那时,一个是年轻气盛锋芒毕露,一个是初掌大权满腔壮志,两个人的个性都很强烈，自然是针尖对麦芒，谁也不让谁。不过即使在冲突得最厉害的时候，高居相位的王安石顶多也就是把年轻的东坡踢出汴京，绝不像后来的吕惠卿、章惇那样欲除之而后快，他还是爱惜东坡之才，所以才会千里上书营救。

他们之间的冲突，全为公事，并无私怨。也是在乌台诗案之后，东坡才真正认识到拗相公虽然执拗，却也正直无私，悄悄种下了投桃报李之心。

东坡被贬黄州后，王安石还一直很关注他的消息。

元丰三年（1080年），有访客从黄州来，王安石问："东坡近日有何妙语？"

客人说："东坡宿于临皋亭，醉梦而起，作《胜相院经藏记》千有余言，仅修改一两字，即成定稿。我有抄本，现在船上。"

王安石忙派人取来。当时月出东南，林影在地，他站在屋檐下展卷细读，喜见眉梢，评论道："子瞻，人中龙也。然有一字不够稳妥。"

客人拱手道："愿闻之。"

王安石说："'如人善博，日胜日负'，不若曰：'如人善博，日胜日贫。'"

此语传至东坡，诗人即欣然提笔改"负"为"贫"。比起"负"字，"贫"之含纳就更加复杂，王安石不愧是炼字高手，让人想起他在写作"春风又绿江南岸"时几经推敲，才终于选定了"绿"字。

都说文人相轻，东坡与王安石却证明了文人也可以相亲，关于他们之间的逸事有很多：

比如说有一次，东坡去王安石家拜访，王安石不在。

东坡看见书桌上有一首王安石写了一半的诗稿，只有两句："西风昨夜过园林，吹落黄花满地金。"

东坡见后笑了，他觉得菊花从来都是枯萎在枝头上的，怎么会落得满地都是呢？

于是，他提笔续了一句："秋英不比春花落，说与诗人子细看。"

王安石见了后不以为忤，一笑置之。

直到多年之后，东坡贬至黄州，见到此地的菊花纷纷凋落、满地金黄，才知道原来是自己囿于成见，少见多怪，后悔当初太过孟浪。

这个故事很有可能是杜撰的，但其中的意味却恰好和事实一致。被贬黄州的东坡，很有可能自悔孟浪。

正因为彼此慢慢放下了成见，才有了元丰七年那次金陵相会，这是北宋政治史上、文学史上可以载入史册的世纪大和解。

那一年，东坡结束了黄州四年的贬居生活，移置汝州，经过金陵时特意准备去拜访隐居江宁的王安石。

抵达江宁的岸边时，没想到王安石已经骑着毛驴在那等候，驴背上的王安石一身布衣，笑容可掬，俨然已是个蔼然长者。

东坡来不及换衣服，慌忙下船作揖道："轼敢以野服拜见大丞相！"

王安石拱手而笑："礼岂为我辈设?！"

朝堂之上的拗相公，此时已活成了《世说新语》中的逸人雅士，这样的王安石，更令东坡多了一份亲近之心。

相逢一笑泯恩仇。这一刻，过去的龃龉都消失了，只留下一派霁月光风。当远离了朝堂上的纷争，他们才发现，彼此之间的共同点原来那么多，对方和自己一样，都是天地之间顶天立地、坦荡正直的好男儿。黄庭坚曾评价说："余尝熟观其（王安石）风度，真视富贵如浮云，不溺于财利酒色，一世之伟人也。"用来移之评价东坡也很合适。

过去种种譬如昨日死，再相见时，他们一个是曾躬耕黄州的东坡居士，一个是已退隐多年的半山居士，虽然出处不同，但却殊途同归，都在诗与禅中将心安顿了下来。

金陵一会，他们一起徜徉于江畔钟山，曾经累积在心头的冰雪，都在这座石头城的清风明月下逐渐融化。两人诗酒唱和，谈禅说佛，不亦乐乎。

东坡在江宁期间，与王安石互相作诗唱和，其中"峰多巧障日，江远欲浮天"两句让王安石击节赞赏："老夫平生作诗，无此二句。"

东坡写过一首咏雪的诗，中有"冻合玉楼寒起栗，光摇银海眩生花"，王安石特意举此二句问道："道家以两肩为玉楼，以双目为银海，是用这两个典故吗？"东坡还是第一次碰到有人看出他的用典之妙，不禁大为叹服，对朋友说："学荆公者，岂有如此博学哉！"

他们还在一起探讨史学，王安石对陈寿的《三国志》不是很满意,他知道东坡一直对三国史颇有研究,希望他能够重修三国史。

东坡却自知不是良史之才,不敢接受这个提议,但从中可以看出,王安石对东坡了解颇深,连他熟谙三国历史都知道。

他们也在一起谈过时事,《宋史·苏轼传》记载:

道过金陵,见王安石,曰:"大兵大狱,汉、唐灭亡之兆。祖宗以仁厚治天下,正欲革此。今西方用兵,连年不解,东南数起大狱,公独无一言以救之乎?"

安石曰:"二事皆惠卿启之,安石在外,安敢言?"

轼曰:"在朝则言,在外则不言,事君之常礼耳。上所以待公者,非常礼,公所以待上者,岂可以常礼乎?"

安石厉声曰:"安石须说。"

又曰:"出在安石口,入在子瞻耳。"

又曰:"人须是知行一不义,杀一不辜,得天下弗为,乃可。"

轼戏曰:"今之君子,争减半年磨勘,虽杀人亦为之。"

安石笑而不言。

从这段记载来看,苏王虽远离朝堂,依然关心国事。这也是他们最终能够化敌为友的关键,他们是士大夫中的典范,以"为天地立心、为生民立命、为往圣继绝学、为万世开太平"为己任,他们出来做官,不是为了浮名虚利,而是真正为国为民,抛去政见上的不同,这种为国为民的初心是一致的。所以他们才瞧不起吕惠卿这样纯粹因为一己私利将国家搅得鸡飞狗跳的小人,有了共同的敌人,更加凸显出他们的一致。

东坡的到来，给垂暮之年的王安石带来了无限的温暖和快乐。他像曾经的欧阳修一样，真正把东坡作为后起之秀和文学上的继承人来爱护，神宗曾赐他一个治偏头痛的秘方，他把这个秘方毫无保留地传给了东坡。他还劝东坡留在金陵，与他卜邻而居，"二人共论扬雄。论文赋诗，彼此倾慕，相约卜邻。"（《宋·东坡年谱简编》）

东坡也曾有"买田金陵，庶几得陪杖履，老于钟山之下"（苏轼《上王荆公书》）的打算，但没有找到合适的机会，为此，他还写了一组诗答谢，其中之一是：

骑驴渺渺入荒陂，想见先生未病时。
劝我试求三亩宅，从公已觉十年迟。

朱刚分析说，"从公已觉十年迟"中也有政治的意味，东坡是个善于反思的人，经过长时间的实践和观察，他对新法已经不像当初那样一味抵触。"从公已觉十年迟"，此话出自肺腑，并不仅是客套，之后元祐年间东坡在朝堂与司马光的纷争，正源自他对王安石情感上的逐渐亲近以及对新法的部分认可。

东坡在金陵盘桓了整整一月，才和王安石依依惜别。王安石送别东坡后，不禁对人长叹说："不知道还要几百年后，才会有这样的人物出现！"

世间一切都在变化之中，人和人之间的关系更是如此。如东坡与王安石，本是针锋相对的政敌，后来却成了惺惺相惜的朋友，他们之间的关系证明了，只要人的胸襟够宽广，友谊是可以超越政见、利益的。

别后不到一年，神宗驾崩，哲宗即位，高太后摄政，司马光为相，当旧党们想将新法全盘推翻时，旧党里唯有东坡坚持不可尽废。

当免役法也被废除的消息传到金陵时，王安石黯然喟叹："连这都要废除了吗？"

在无尽的遗憾和孤独中，他走向了生命的终点，生前曾享受过无上尊荣的他，身后倍加冷落，前来吊祭的门人寥寥无几。

这一切都不重要了，他晚年已在学佛中找到了内心的宁静，去世前最后一首诗中说："新花与故吾，已矣两可忘。"不可一世的拗相公，到了生命的终点，终于进入到了物我两忘的境界，而这个境界，正是东坡在赤壁之下体验过的。

王安石去世之后的敕书是东坡所拟，他高度地评价了自己政治上的敌人、文学上的知音，认为是天意要托付人间"非常之大事"，才产生了王安石这样的"稀世之异人"，并称赞他：

名高一时，学贯千载，智足以达其道，辩足以行其言；瑰玮之文，足以藻饰万物；卓绝之行，足以风动四方。

有此文安魂，安石于地下，想必也会少一点遗憾吧。

与章惇[1]：为何旧知己，在最后，变不到老友

"朋友，你试过将我营救，朋友，你试过把我批斗……为何旧知己，在最后，变不到老友，不知你是我敌友，已没法望透，被推着走，跟着生活流……"

每当听到陈奕迅的这首歌，我总是会想，若是让东坡来写一首宋词版的《最佳损友》，他会写到谁？

恐怕大多数人和我一样，首先想到的都是章惇。

他们的故事，真是让人忍不住扼腕叹息一声：为何旧知己，在最后，变不到老友？

章惇，也算是北宋历史上具有划时代意义的人物，尤其是在后王安石年代，他拜相执政，独相六年，在位时巩固边防，推行新法，也算是功业赫赫。

可和这些相比，人们印象最深的，还是他对昔日好友东坡的种种伤害，历史是由文人书写的，他最终是以迫害东坡的"损友"面目留在文学史上的，《宋史》甚至将他直接列入奸臣传。

---

[1] 章惇（1035—1106）：字子厚，号大涤翁，建宁军浦城（今福建省南平市）人。

东坡和章惇，也算是相识于微时。

他们是在凤翔结识的，一个是凤翔府节度判官，一个任商洛县令，都是些微不足道的芝麻小官。那时东坡因为欧阳修等人的揄扬，已经崭露头角，所以大家普遍认为章惇是主动与他交好的，主动可能确有其事，但要说章惇存心讨好，那倒是小瞧了他。

章惇是个绝顶骄傲的人，天资聪颖，年少得志，再加上长相俊美，这些都助长了他的骄傲。

他骄傲到什么地步呢？

嘉祐二年第一次参加科举考试时，他本来进士及第了，而且是二甲的好成绩，那一年的榜单上也有东坡的大名，不过排名还在章惇之后，位列三甲。可就因为族侄章衡考中状元，章惇耻居于侄子之下，拒绝了敕诰。那时候高中进士是件多么难又多么光彩的事，而他居然因为这个原因拒不受敕，要说骄傲自负，只怕还要在东坡之上。

过了几年，他第二次应举，又一次进士及第，而且是开封府试第一名，可见他不是盲目自负，而是确实有两把刷子的。

凤翔时期的东坡和章惇，年纪相近，才学相当，又都心比天高，充满了用世的热情，用一见如故来形容都不夸张。东坡后来回忆说，初见章惇就惊为天人，逢人便说"子厚奇伟绝世，自是一代异人，至于功名将相乃其余事"。

他们经常一起谈诗论文、切磋交流，彼此写过不少唱和的诗，那时候东坡的诗里，时不时可以看到"和子厚"这三个字，子厚，正是章惇的字，巧的是，他们一个字子瞻，一个字子厚，看起来倒像是兄弟。

他们很快成了密友，亲密到可以言行无忌那种程度。

《道山清话》中记载：有一天章惇坦腹躺在床上，正巧东坡从外面进来，他摸着肚子问东坡："你猜这里面有什么东西？"

东坡说："都是谋反底家事。"

章惇听闻哈哈大笑起来。

能拿"谋反"这两个字开玩笑，可见两人之间是可以推心置腹的。

那时公门多暇，他们也常常一起出外游玩。

有次他们在一起喝酒，听人说附近山上来了只吊睛猛虎，喝得半醉的他们兴冲冲地跑去看老虎。快要到时，见到一只大老虎正在睡觉，东坡的马都吓得不敢往前走了，他也吓出了一身冷汗，便说："马都这样了，不要执着往前去了。"章惇却不听，只见他快马加鞭冲到前，掏出一面铜锣敲得震天响，老虎居然都被这锣声惊得窜入了山林。

还有一次，他们同游南山，到达仙游潭时，潭下绝壁万仞，只有一截窄窄的横木在上面。章惇请东坡在山壁上题字，东坡望着下面的悬崖不敢向前。

章惇却非要挑战一番，他拿出根绳索，一头系在树上，一头系在腰间，探身在山壁上留下了"苏轼、章惇来"的大字。

回来之后，他神情未变，苏轼拍着他的后背道："君他日必能杀人。"章惇问为何。东坡表示能够将自己的生命豁得出去的人，便能杀人，章惇大笑。

虽是两件小事,却折射出了他们不同的人生态度:东坡胆小惜命,这样的人性格一般较为温和,可能缺少一点点血性,但很难做出什么极端的事来;章惇呢,则完全是个不要命的角色,这样的人最适合上战场去冲锋陷阵,后来他掌权之后,果然在和对西夏等的战争中打了几场胜仗,但骨子里的狠劲如果用在整人和内斗上,那是叫人吃不消的。

无论如何,那时候他们还是一对意气相投的好朋友,都有一腔为国为民的热血,只是政见不同,一个支持新法,一个支持旧法。彼时,他们的友谊还排在政治斗争之上,东坡因乌台诗案下狱时,多少人落井下石,章惇虽是新党,却毫不犹豫地施以援手。

当时宰相王珪也趁机对东坡踩上一脚,举东坡所作《王复秀才所居双桧二首》中"根到九泉无曲处,世间惟有蛰龙知"之句,在宋神宗面前构陷说:"陛下龙飞在天,苏轼以为不知己,而求知地下之蛰龙,这是不臣之心啊。"

正好章惇侍立在旁,听了王珪这一番危言耸听,忍不住替好友辩白道:"龙并不专指帝王,人臣也可以称龙啊。"

神宗对章惇的话深表赞成,也表示:"自古称龙者多矣,如荀氏八龙,孔明卧龙,难道都是指帝王吗?"

等到两人告退后,章惇义愤填膺,疾言厉色地诘问王珪:"你是想毁掉苏家整个家族吗?"

王珪只能将罪过推在舒亶身上,说:"这是舒亶说的。"

章惇厉声斥道:"舒亶的口水,你也要吃吗?"

王珪被他逼问得无言以对。

第三章　面对敌人——修得一颗宽容心

"亶之唾，亦可食乎？"掷地有声的七个字，永远地载在了史册上，如果时光停留在这一刻，章惇的形象将是多么地义薄云天，就像历史上那些著名的侠客一样，可以在关键时刻不畏权势、仗义执言。

东坡被贬至黄州后，章惇一点都不看轻他，照常给他写信，还不时寄东西给他。在给章惇的信里，东坡动情地表示，"一旦有患难，无复有相哀者"，只有你章惇，"平居遗我以药石，及困急又有以收恤之，真与世俗异矣"。锦上添花易，雪中送炭难，章惇能在这个时候还施以援手，可以想见他确实是个重情义的人，不是那种世俗的势利小人。

等到旧党上台，司马光为相时，章惇性格强硬，常常当面顶撞司马光，这时是东坡从中为之缓颊，章惇听了他的劝告，至少不再当面使司马光难堪了。这时的朝堂已经是旧党的天下，章惇被逐出了京城，被发配到汝州去坐冷板凳了。

这么一对历经过患难的好朋友，究竟后来为何会交恶呢？

有人说是因为东坡嘴巴太大泄露了章惇的隐私，起因是他给章惇写了一首唱和的诗《和章七出守湖州二首》，其中一首是这样的：

方丈仙人出渺茫，高情犹爱水云乡。
功名谁使连三捷，身世何缘得两忘。
早岁归休心共在，他年相见话偏长。
只因未报君恩重，清梦时时到玉堂。

民间传说章惇本是父亲和岳母乱伦所生,生下来后差点放进澡盆溺死了,只是见他生得相貌不凡一念不忍,才留下了一条命。有人说东坡诗中的方丈仙人是暗讽此事,章惇读了后怀恨在心。

这可能纯属无稽之谈。光从这首诗来看,就是把章惇猛夸了一顿,说他如何高情逸韵,如何不染凡尘,还相约以后和他一起放浪山水、共同归隐。再说这之后两人也不时诗信来往,并不见有何嫌隙。

但等到宋哲宗亲政,章惇被重新起用为相那几年,对东坡的态度开始确凿无疑地恶化了。东坡被一贬再贬,从英州到惠州,最后直接被发配到天涯海角的儋州。有人说这只是哲宗嫌恶老师,和章惇无关。但章惇独相六年,可以说是只手遮天,大臣们一度"知畏宰相,不知畏官家(指哲宗)",如果他对东坡还有乌台诗案那时的深厚感情,绝不至于让好友落到如此下场。

政治斗争这时已经高高凌驾于他们的友谊之上,曾经肝胆相照的好友,变成了势不两立的政敌。

在元祐大臣中,东坡的官不是最大的,但他却是遭受打击最大、贬谪地方最远的。

很多人都认为这是章惇的原因,比如黄庭坚就在诗里说:"子瞻谪岭南,时宰欲杀之。"曲附章惇的那帮人也看出来他很讨厌东坡,于是交相弹劾,以此来讨好章惇。

光用政治斗争来解释两人之间的嫌隙似乎还是不够,除了将东坡看成是政敌之外,章惇似乎对他还有着更深刻的恨意。

这种恨意的源头是什么呢?

也许是因为东坡口无遮拦,无意中得罪了他?

第三章　面对敌人——修得一颗宽容心

也许是因为那几年的贬谪生涯已经将他变成了一个充满怨毒的人？

还有一个原因研究者少有论及，却确实存在，那就是苏辙曾经上疏弹劾过章惇，对于外人来说，他们兄弟是一体的，即使东坡并不曾针对章惇，但他对东坡的恨意，可能从那时就开始萌生了。

考察他俩往昔的交往，尤其是乌台诗案一事，章惇不惜得罪同一党派的人为东坡说话，东坡也说"子厚救解之力为多"，可想而知，章惇是极其看重东坡这个朋友的。

东坡对他的情分如何呢？

这里可以对比下他在黄州时给朋友们写的信。在给章惇的信里，他又是追悔又是对圣上表忠心，而在给李常、王巩等人的信里，他则坚决表示自己只是直道而行，不悔初衷。

友情也是有深浅的，很显然，东坡这时虽然把章惇当成了患难之交，却还不是知己至交，换句话说，他觉得李常、王巩这些人才是自己人，真正体己的话只能说给真正体己的人听。

他们之间的友谊，其实并不是完全对等的。东坡的好友实在太多，章惇在其中，未必能够排进前列。

这对于一个感情强烈而心胸狭窄的人来说，其实是最难忍受的。章惇重情，但是偏狭，当他真心对一个人好时，可以连性命都不顾来帮你，而当他感觉到这份真情得不到对等的回报时，激发出来的那一腔恨意，那种由极度的失望、不平、委屈交织起来的复杂情绪，可能比爱还要强烈。所谓爱之深则恨之切，此话良有以也。

元祐年间的章惇，可能对曾经的好友就是这种心态：我拿你当最好的朋友,你却只等闲视之,我可以为你抛头颅洒热血,你对我却不过尔尔。

别小瞧等闲视之,不过尔尔这八个字,这对于一个绝顶骄傲又极端偏狭的人来说,简直是莫大的侮辱。

东坡做错了什么?

并没有。他错就错在朋友太多,没办法对每个朋友都倾注那么浓烈的感情,他这一辈子,总是敞着一颗心对别人,这样的人,得到的回馈固然多,伤害绝对也是难以避免的。

朋友一旦下手整起人来,比敌人还要整得到位,因为只有朋友才深知你的死穴在哪里。

章惇知道东坡和表兄程家绝交了几十年,于是特意在他贬谪岭南时,将他表哥程之才派到惠州去做官,不是了解苏家底细的人,不可能想得出这样的阴招。章惇这是要借刀杀人,还好,东坡还是很擅长化敌为友的,表哥程之才来了惠州后,没有成为杀人的刀,而是成了及时的雨,竟然与东坡达成了和解,各方面对这位表弟多加照顾。

东坡在惠州安顿了下来,又死性不改地写起了诗:"报道先生春睡美,道人轻打五更钟。"

诗传到京城,章惇一看就恼了,东坡的豁达和开心,对于他来说就是一种冒犯。

瞧你这日子美滋滋的,我偏不让你美。

于是一纸调令,将东坡又贬到了儋州。据说这还是章惇玩的"象形"游戏:苏辙字子由,于是就贬雷州,苏轼字子瞻,那就贬到儋州吧。

这要是在平时，还可以算成文人精致的淘气，但用在整人上，就变成了视人命如草芥的狠毒。章惇在年轻时，也算是以才学名，到了最后，除了整人这些损招，没见他有任何有影响力的文学作品留下来，骄傲如他，不知可否为此而惋惜过。

东坡在海南九死一生时，哲宗早逝，要在他的几位兄弟中挑一位继承人，多数人提议选端王赵佶，章惇极力反对，理由是："端王轻佻，不可以君天下。"

但最终，端王还是上台了，也就是著名的宋徽宗。这下轮到章惇倒霉了，被贬到了雷州，而历经岭海七年的东坡，此时正在北回的路上。

章惇的儿子章援是东坡的门生，深恐昔日的老师再被起用后会报复父亲，于是特意写了封信给东坡，请求他看在昔日的情分上，对父亲网开一面。东坡立即给小章回了信，摘录如下：

> 某与丞相定交四十余年，虽中间出处稍异，交情固无所增损也。闻其高年寄迹海隅，此怀可知。但以往者更说何益，惟论其未然者而已……

意思是我跟你父亲交往已有四十多年，中间虽然有些小矛盾，但无损于我们的交情。过去的事不必提了，你父亲年事已高，寄居海畔，愿多保重。后面还附了自己在海南写的《续养生论》，将如何在瘴疠之地生存下来的法宝倾囊相授。

东坡的胸襟，在此信中展露无遗。难怪林语堂为他作传时，忍不住感叹这封信是"伟大的人道主义文献"。

不仅如此，他还主动给章惇的女婿写了封信，信中说："子厚得雷，闻之惊叹弥日。海康（即雷州）地虽远，无甚瘴。舍弟居之一年，甚安稳，望以此开譬太夫人（指章惇的母亲）也。"

有了这封信，我们更可以相信，他是真心实意地牵挂着谪居雷州的老友，并爱屋及乌地帮忙开解老友的母亲。

这一年，已经是东坡生命中的最后一年。

人这一生，难免会受伤，有的人选择将伤害放大，将痛苦转化为仇恨，比如章惇，有的人却选择将伤害看淡，用宽容来消解伤害，比如东坡。选择去恨一个伤害过自己的人并不难，难的是选择宽容，这正是东坡的可贵之处。

一对好朋友，本来站在同样的起跑线上，却跑向了不同的方向，这不仅是因为政见不同，更是本性的差异。当困在仇恨的牢笼中时，人生的路，即使看着像上坡路，本质上还是越走越窄。

章惇最终还是没有熬过来，四年后，他病逝于雷州，而被他评价为轻佻的徽宗，最后确实如他所料，断送了大宋的江山。光凭这一点，他已配称得上奇男子，能够被东坡视为好友的人，当然不能简单地称之为小人。

我猜想，以他的个性，到了生命的终点，也会咬牙切齿地说道："我一个也不原谅。"

他不知道，他这辈子，就输在了"太计较"这三个字上。

与吕惠卿[①]、程颐：迂夫子和真小人一样可恶

正如朱刚所说，东坡后来和很多针对他的人都化敌为友了，一是因为他性格宽厚不计较，二是因为他善于和人沟通。

比如表哥程之才，算是苏家的"世仇"了，数十年不相来往，在惠州的时候，表兄弟却终于化干戈为玉帛。还有章惇，一般被看成是东坡的"宿敌"，但东坡晚年对章惇没有一句怨言，真正体现了君子之风。

但东坡绝不是那种犬儒主义的老好人，弟弟苏辙评价他说："其于人，见善称之，如恐不及；见不善斥之，如恐不尽。见义勇于敢为，而不顾其害。用此数困于世，然终不以为恨。"

这个评价是很中肯的，东坡这个人，表面上和光同尘，骨子里爱憎分明，有与人为善的一面，也有疾恶如仇的一面，性子硬、说话直，正因如此，才在朝堂上树敌无数。

考察他一生的交游，发现有个特点，但凡是他觉得有可取之处的人，或者是真心当作过朋友的人，哪怕后来伤害过他，甚至欲置

[①] 吕惠卿（1032—1111）：字吉甫，号恩祖，北宋宰相。

他于死地，他都可以一笑了之。

比如章惇，以及乌台诗案的始作俑者沈括都是如此。还有林希，本来是他的好朋友，在知杭州的时候还竖了一块"苏公堤"碑，两人交情不可谓不深厚，但后来为了曲附章惇，亲手写下了将东坡贬至惠州的贬文，据说他写了之后也自觉惭愧，知道一生名节从此毁矣，东坡听说后，却只淡淡地说了句："没想到林大（林希）也能写出这么好的文章。"

但对于他觉得看不顺眼的人，他是坚决势不两立的，东坡最反感的，一种是真小人，一种是迂夫子。

先说真小人。

大宋史上最著名的贬书，就出自东坡之手，据说写这封贬书前，东坡本来正在休假，却摩拳擦掌主动操刀，写完后还痛快地对朋友说："当了三十年刽子手，今天终于可以杀一个真正该杀的人了！"

这封贬书堪称东坡生平骂人最狠的一次：

凶人在位，民不奠居；司寇失刑，士有异论。稍正滔天之罪，永为垂世之规。具官吕惠卿，以斗筲之才，挟穿窬之智，诡事宰辅，同升庙堂，乐祸而贪功，好兵而喜杀，以聚敛为仁义，以法律为诗书。首建青苗，次行助役（即免役法）。均输之政，自同商贾，手实之祸，下及鸡豚，苟可蠹国以害民，率皆攘臂而称首。先皇帝求贤若不及，从善如转圜，始以帝尧之心，姑试伯鲧，终然孔子之圣，不信宰予……尚宽两观之诛，薄示三危之窜。

文人的嘴，好比侠客的刀，杀人还不见血。东坡呀东坡，真是好快一张利嘴，将吕惠卿骂得狗血淋头，骂他的才华只有饭碗里装的那么一丁点，骂他的智慧只足以用来钻墙洞，骂他阿谀奉承忘恩负义，骂他好大喜功蠹国害民……成语"滔天罪行"就出自该文，形容一个人的罪恶之深，莫过于此了。

可见，吕惠卿真是东坡生平最深恶痛绝之人，没有之一。

东坡之所以这么讨厌吕惠卿，主要是他从骨子里瞧不起这个人，认为他学问道德无一丝一毫可取之处，属于他最憎恶的"真小人"。

吕惠卿，籍贯福建，讨厌他的人都叫他"福建子"。说起来，他跟东坡还有点渊源，两人曾是同榜进士，还曾一道得到过欧阳修的赏识。可二人很快分道扬镳了，吕惠卿开始投入王安石门下，成了王安石最倚重的助手和最亲密的战友，可以说他是变法派的二号人物。

吕惠卿推行起新法来，雷厉风行，效率很高，深得王安石器重，人称"护法善神"，在新旧两党的纷争中，他总是冲在前方当先锋，攻击起旧党来丝毫不留情面。他对王安石亦步亦趋到什么地步呢，公然号称："我吕惠卿读儒书，只知道尊仲尼。读佛经，只知道尊佛祖。现在，只知道尊介甫。"

王安石变法初期阻力重重，确实需要这样一个牙尖嘴利的打手来助阵，所以王安石很赏识他，事无大小都和他商量。

老友兼政敌司马光一眼看出吕惠卿心术不正，提醒王安石说："阿谀谄媚的人，现在对你是百依百顺；一旦你失去权势，就当心他会反咬你一口。"王安石那时对吕惠卿信任备至，哪里听得进去。

不久，王安石罢相，吕惠卿独掌大权，果然如司马光所料，开始了对恩师的反噬。他生恐王安石复出，不惜将他和王安石之间的私人通信上呈给神宗，里面安石秘书"无使上知（不要让皇上知道）"，以此来离间神宗和王安石。王安石复相之后，因爱惜吕惠卿的干才，仍然对他相当倚重，他却不甘大权旁落，处处与安石争权。

正是吕惠卿掌权时，与苏氏兄弟结下了再也解不开的梁子。

于公，熙宁七年他推行"手实法"，这一法令规定老百姓自报财产，以财产多寡定户等高低，官府据此分摊各户应纳的税钱。为了防止虚报瞒报，明确宣布，鼓励知情人告发。这无异于助长告密之风，知密州的东坡断言此法一旦施行，必定人心大坏。因此坚决抵制，不肯施行。

于私，吕惠卿自负有才，对东坡很不服气，他任参知政事时，有门生在他面前说东坡如何如何有才，如何如何聪明，他则很不以为意地回答："有尧聪明吗？有舜聪明吗？有大禹那么聪明吗？"门生说："不是尧舜禹那样的聪明，但也挺聪明的。"吕惠卿听了后勃然大怒，更欲将东坡赶出朝堂而后快。

苏氏兄弟与吕惠卿积怨之深，连一贯谨言慎行的苏辙都痛斥他："吕惠卿有张汤的辨诈，有卢杞的奸邪，真是诡变多端。一个人集辨诈、奸邪、诡变于一身，那将是个天大的祸害。"

元祐年间，苏氏兄弟被朝廷复用时，最容不下的就是吕惠卿，先是苏辙上奏弹劾，说他有妄图株连公卿、背叛恩师王安石、施行青苗等种种恶政数桩罪状，再由东坡亲自操刀，写了那封震动天下的贬书。

吕惠卿本来被贬南京，但包括苏氏兄弟在内的群臣都认为降罪太轻，于是被加罪贬为建宁军节度副使，从只手遮天的宰相被贬为八品小官，还不得干预公事。党争是很残酷的，我们可以看到，即使以宽厚为怀的东坡，在党争中打击起政敌来也是不遗余力的。

这个梁子越结越大，有人断言："使其（吕惠卿）得志，必杀二苏无疑矣。"哲宗亲政后，二苏被贬岭南，有不怀好意的人比如蔡京就奏请以吕升卿（吕惠卿弟弟）为广南西路察访使，幸好枢密使曾布为之求情，认为二苏与吕惠卿有不解之仇，如派其弟去岭南，必定将置二苏于死地。当时的宰相章惇也知道升卿一去，二苏必死，最后才改派了董必去。

因为太过于上蹿下跳苟且钻营，吕惠卿将新旧两党的骨干人物都得罪了，后来即使新党得势，他也再没有进入过权力中枢。王安石晚年，恨吕惠卿恨得刻骨，每日在书房中手书三字"福建子"，以泄其愤。

东坡对吕惠卿的厌憎，私怨的成分少些，更像是出于义愤。王安石虽是新党首领，但道德文章天下重之，连东坡也不得不表示服气。吕惠卿就不一样了，在东坡看来，他全无半点为国为民之心,推行新法全凭一己之私欲,又加上背叛伯乐恩将仇报,人品太过不堪,实在是没有可取之处。王安石为相时,东坡心里可能还只有"不服"两个字,而当吕惠卿为相时,除了"不服",更多的是"不屑"。

"斗筲小人",是东坡最瞧不上的那种人。熙宁年间,他见识到了吕惠卿那种小人得志的猖狂之状,一腔义愤化成了深深的厌恶,所以后面才大张挞伐。

他们之间的恩怨至死未解,东坡去世多年之后,吕惠卿到杭州做官,还想推倒林希所竖"苏公堤"碑,但这一切都是徒劳,碑可以推倒,东坡留在世上的痕迹却根本无法抹掉。

除了真小人外,东坡也不欣赏理学的代表人物——程颐。

程颐,河南人,程朱理学的开山宗师,世人心目中的理学家往往是道貌岸然、一本正经的,这种刻板印象极大可能就是源于程颐。

程颐本是一介布衣,却因司马光等人的赏识擢拔为崇政殿说书,和东坡一样贵为帝师,可两位帝师的风格却完全相反。程颐在小皇帝哲宗面前,是相当古板的,有一次小皇帝在春日经筵讲后,坐在凉亭中饮茶,见亭前杨柳青翠可爱,就折了一枝柳枝把玩。那天恰巧程颐为他说书,忙起身劝说:"方春万物生荣,不可无故摧折。"小皇帝听了满脸不高兴地把柳枝给扔了。司马光听了也不开心,对门生说:"正是有这样的迂夫子,才使皇上不爱亲近儒生。"叹息了很久。

程颐这个迂夫子,凡事都爱上纲上线,小皇帝折个柳枝,都可以上升到有伤好生之德的高度,连性情严肃的司马光都不喜欢程颐,何况像东坡这样天性豪迈通达的人了。

东坡和程颐真正交恶,正是在司马光的葬礼上。司马光去世时,正好那天高太后和哲宗率领全城进行了明堂祭拜的重大典礼,典礼结束后,大臣们就想第一时间去祭拜司马光,这时候程颐却引用孔子的话阻拦大家说:"子于是日哭,则不歌。"

大臣们被他大帽子扣得不敢前往,还是东坡机智,当即反驳程颐说:"孔子是说哭则不歌,又没说歌则不哭。"真是好有道理,程颐竟无法反驳,大臣们一听,都尾随着东坡前去吊祭了。

到了司马光家里,却不见孝子们出来招待客人,原来又是程颐搞的鬼,他搬出古礼,认为孝子就该悲伤得无法见客,才是真孝顺,东坡被他气乐了,吐槽说:"此乃麋䴢陂里叔孙通所制礼也。"

麋䴢陂里指肮脏的郊野,东坡这句话的意思是,程颐这个人,完全就是从脏乱之地冒出来的山寨叔孙通,死守规矩,不知变通。东坡这句话,典型的骂人不带一个脏字,若论毒舌,东坡若认大宋第二的话,只怕没有人敢称大宋第一。

他这一吐槽,大臣们哄堂大笑,程颐则气得满面通红。

还有一次正逢国祭,大臣们到著名的相国寺祷佛。

程颐提出,在场的每一个人都要食素。

东坡反唇相讥:"你不是不信佛吗?为何要食素?"

程颐又搬出他那一大套古礼,说什么忌日是守丧的延续,期间不可饮酒吃肉,否则就是心不诚。

东坡理也不理,叫管事者端上肉菜,并宣称:"支持刘家的人,露出左臂来吧!"

这是引用《史记》的典故,公然以大汉正统刘家自居,将程颐一伙人当成吕后一派的"乱党"。于是,秦观、黄庭坚等人纷纷跟着东坡吃肉,程颐的追随者们则跟着他食素,所谓蜀党、洛党之争,正是发轫于此。

东坡和程颐说起来都是旧党,可内部斗争的严峻性有时甚至不在新旧党争之下。

程颐的弟子贾易、朱光庭首先攻击东坡,借口东坡在策问中提出效法"仁祖之忠厚"则官吏们偷惰不振,效法"神考之励精"又使官吏们流于苛刻,借以攻击苏轼诬蔑宋仁宗不如汉文帝,宋神宗不如汉宣帝,认为是对先王不敬。又说什么东坡和程颐争抢主持司马光的葬礼没有成功,所以怀恨在心,这就纯属造谣了,以东坡当年的名望地位,何至于通过此事给自己脸上贴金?

这时"蜀人"吕陶、上官均不肯坐视东坡受排挤,挺身而出为他辩护,指责朱光庭借机替程颐泄私愤,好友孔文仲也替东坡抱不平,指责程颐替小皇帝讲学时,常常夹带私货来影响皇帝。总之,乱糟糟你方唱罢我登场,朝堂上吵成了一锅粥。

蜀党和洛党之争,并不是好人和坏人的争斗,为首的东坡和程颐两个人都是好人,却因性情不合,落得彼此攻讦,最后两败俱伤,苏坡自请外放,程颐也被罢崇政殿说书一职。

说起来，他们政见是一致的，主要是个性太不一样。在东坡眼里，程颐简直就是个迂夫子，古板到了无趣的地步，而在程颐眼里，东坡则是个轻浮文人，说话做事没有一样靠谱。

一个嫌对方太一本正经，一个恨对方太不正经，三观不合，分歧越来越大。后来程颐的门生对东坡群起攻之，更加深了东坡对程颐的嫌恶，甚至公然在哲宗面前说："臣素疾程某之奸，未尝假以辞色。"

这是完全把程颐当成奸人来看待了，未免有点冤枉了他，程颐这个人，倒确实还算得上是个言行一致、表里如一的端方君子，攻击东坡的行为，也都是他的门生在发难，他本人虽常常被气得瑟瑟发抖，却没有对东坡进行过人身攻击。

他只是以身祭天理，成了他所提倡的理学的祭品，条条框框太多，完全是个活在套子里的人，而东坡，天性不羁放纵爱自由，是要打破一切条条框框的。

王尔德说过一句名言：把人分成好和坏是荒谬的，人只有两种，要么有趣，要么无趣。这句话也是东坡和人交往的原则，他生平最受不了无趣之人，程颐是一个好人，但却活得相当无趣。一个人对自己高标准严要求没什么，但如果还拿这套标准来要求别人，那就是强人所难。

诗人余光中写过一篇文章叫《朋友四型》。在书中，他将朋友分成高级而有趣、高级而无趣、低级而有趣、低级而无趣四种类型。

他说，朋友是一个人的镜子，东坡先生杖履所至，几曾出现过低级而无趣的俗物。或许应该把低级两个字去掉,高级而无趣的人如程颐,东坡也是吃不消的,他不愿意对程颐假以辞色,因为让他板起脸来听程颐讲大道理,那比杀了他还难受。

第四章 面对漂泊——修得一颗安定心

一年将尽，冬日年关，老兄嫂围坐火炉烤火取暖，儿女环列左右，祖先坟墓近在咫尺随时可以祭扫，触眼所见都是亲朋好友，这就是人世间第一等美好的事情。这是苏东坡理想中的人间第一等好事。

眉州：我家江水初发源

1983年，山东诸城市皇华镇下六谷村的丁某与邻居因为一个石制猪食槽的归属问题争得脸红脖子粗。此时，正好有位村民扛着大锤从此经过，干脆将这个猪食槽一分为二，各拿一半。

三年后，当地的文化站站长于建学无意中发现石槽上竟然有字，欣喜之余，他把两块石槽拼在一起，竟形成了一个砚洗，正面镌刻着"半潭秋月"，落款为"眉山苏轼"。

这块曾沦落为猪食槽的砚洗被运回诸城市博物馆，成为了馆藏珍品之一。而于建学之所以能慧眼识珠，正在于那个落款。

熟悉东坡的人可能都知道，东坡一生作画、刻砚、写信，最后的落款通常都是"眉山苏轼"四个字，这个习惯终身未改。

眉山，就是东坡生于斯、长于斯的地方。

眉山置始于南齐建武三年（496年），古称眉州，地处岷江畔，邻近峨眉山，唐《通义志》云："山不高而秀，水不深而清。"

在眉州，流传着一个动人的传说，城东北有座彭老山，据说彭祖曾在此修行，山因此而得名。

彭老山虽然不高，却披覆着嘉木秀树，郁郁苍苍，有仙则灵。但在宋仁宗景祐三年十二月十九日（1037年1月8日）却发生了一件怪事，一夕之间，彭老山忽然草木萎谢、花枝凋零，从此后寸草不生。

这一天，一个男孩在苏家的老宅中呱呱坠地。他就是小东坡。

眉山人认为，上苍将彭老山的天地精华都给了东坡，所以他一出生，彭老山上的草木就失去了灵气的滋养，全部都枯萎了，所谓天地钟灵毓秀集于一人，莫过于此。

蜀中多山，峨眉天下秀、青城天下幽，眉山虽无名山大川，但也多秀山茂林，天气晴好的日子，还可以远眺峨眉，"瓦屋寒堆春后雪，峨眉翠扫雨余天"。

和所有在山里长大的孩子一样，东坡从小就喜欢到山里去玩，每年清明前后，眉山人都会倾城而出，去郊外的蟆颐山踏青，其中自然也有东坡的身影，他写过一首《和子由踏青》，写的就是去蟆颐山郊游的盛况。中秋之夜，他与友人聚于山间，望月吟诗"登鳌望月蟾宫近"。

山是修道之处，东坡幼时只想遁入深山老林之中当道士，他和李白一样，一生好入名山游，天生和山亲近，说自己"我本山中人"（《监试呈诸试官》），只要回到山中，他就感到通体舒畅，《出峡》诗说："入峡喜巉岩，出峡爱平旷。吾心淡无累，遇境即安畅。"平旷的山峡，让他感觉到身心俱适。

蜀中也多水，岷江流入眉山境内后水势尤其平缓，冬天水平如镜，色如碧玉琉璃，当地人都称玻璃江，"我家峨眉阴，与子同一邦。相望六十里，共饮玻璃江"，东坡的《送杨孟容》中写的就是玻璃江。"我家江水初发源，宦游直送江入海。"他把自己比喻为玻璃江中的一滴水，顺流而下奔腾入海，最依恋的始终是发源之地。

眉山既有山水之胜，又有人文之盛。

在文学方面，除了"三苏"，还有朱台符、石扬休、吕陶等，皆是文学耆宿；在史学界，也有李焘、李璧、李埴父子三人，著作颇丰。

宋代的眉山，是当时全国雕版印刷书籍的三大中心之一，还有"建于唐之开元，毁于五代前蜀，重建于宋"的孙氏书楼，是当时藏书最多、历史最悠久的私家图书馆。

宋时眉山人尤好读书，"郁然千载诗书城"的模式，正是在宋代才蔚为大观。

据统计，两宋年间，眉山共有八百八十六人考取进士，史称"八百进士"，成为中国历史上著名的"进士之乡"，这八百进士中，最有名的，当然是东坡兄弟。

眉州处于盆地之中，较好地保存了汉唐遗风，正如东坡在《眉州远景楼记》中所说："吾州之俗，有近古者三。其士大夫贵经术而重氏族，其民尊吏而畏法，其农夫合耦以相助。盖有三代、汉、唐之遗风，而他郡之所莫及也。"又说："始朝廷以声律取士，而天圣以前，学者犹袭五代之弊，独吾州之士，通经学古，以西汉文词为宗师。"正是在这种通经学古的风气影响下，东坡父子才得以形成了质朴矫健的文风，以黑马之姿，在"犹袭五代之弊"的中原文坛中突围而出。

东坡的初恋也在眉山。他情窦初开时,悄悄喜欢上了伯父苏涣家的四女儿,也就是他的堂妹小二娘。

由于不合伦理,他一直克制着这段少年心事,但小二娘始终占据了他内心的柔软一角。他为她写情意婉转的牡丹诗,在她去世后,亲自为她写祭文,毫不掩饰地说自己"此心如割",后来还拖着衰老病体在她的墓前哭得像个孩子。

> 前尘往事断肠诗,侬为君痴君不知。
> 莫道世界真意少,自古人间多情痴。

这首《无题》诗正是东坡为小二娘所写,年少时痴心爱恋过的女子,是他一生中藏得最深的隐痛,而这番痴心,他连小二娘都未曾告白过,唯有眉山的清风和明月,见证了他那一段怦然心动的青涩情事。

和所有胸怀壮志的年轻人一样,东坡二十出头就跟着父亲一起离开家乡,开始闯荡天下,眉山虽好,对于一颗渴望飞翔的心来说,却未免太小了。之后他曾两次返乡,一次是为母守丧,一次是送父亲和妻子王弗的灵柩回乡安葬。

在居父丧期间,东坡曾与三老(王庆源、杨君速、蔡子华)同游。将离眉山时,他和三老亲手在家中栽下一棵荔枝树,并与三老约定,树长成即归眉山。但世事难料,东坡这一去,便再也没有回到眉山。

眉山，从此成了他魂牵梦绕的地方。

回忆是最好的滤镜，东坡记忆里的眉山简直自带光环，只要遇到和故乡类似的山水风物，就让他倍感亲切，东湖让他想到"吾家蜀江上，江水绿如蓝"，见到汉水则念"襄阳逢汉水，偶似蜀江清"，过庐山也不忘感叹"莫教名障日，唤作小峨眉"，到了黄州时，定惠院的一株海棠让他痴爱不已，只因为海棠本是西蜀名花，怎能不让他倍生他乡遇故知之感。天上的云、奔腾的江、热闹的年节无一不勾起他对故乡的怀念。在苦寒的北方，他念念不忘的是家乡的香椿芽，"岂如吾蜀富冬蔬，霜叶露芽寒更苦"，即使到了物产丰饶的江南，他仍然觉得故乡要胜出一筹，"想见青衣江畔路，白鱼紫笋不论钱"。

故乡让他牵挂的除了风物之盛，更有人情之美，那里有他血脉相连的亲人，有他一同长大的伙伴。

宦游在外，他最羡慕的就是留守在老家的人。苏家一脉大多漂流在外，只有堂兄苏不危（字子安）在家未出，在《与子安兄书》中，东坡说："老兄嫂团坐火炉头，环列儿女，坟墓咫尺，亲眷满目，便是人间第一等好事，更何所羡。"一年将尽，冬日年关，老兄嫂围坐火炉烤火取暖，儿女环列左右，祖先坟墓近在咫尺随时可以祭扫，触眼所见都是亲朋好友，这就是人世间第一等美好的事情。

清朝的大学士评价说："读苏公此数语，觉家庭友爱至情，溢于笔墨间。然非至诚质朴，浑然天理，不能知此乐，亦不能为此言也！"古往今来背井离乡的人，想必没有人不同意东坡的说法，家人围坐、灯火可亲，就是游子们心目中的人间第一等好事。

故乡何处是，忘了除非醉。隔得越远，离乡的时间越久，记忆中的故乡就越是血肉丰满、眉目分明。从青年离乡，到万里投荒，东坡最渴望的，始终是能够退隐回乡，与弟弟夜雨对床，与儿时的伙伴一同坐在门槛上吃炒豆瓜子。思念故乡是他诗文中的主旋律之一，他至少有一百多篇诗文中提到了故乡，不乏名篇名句，"故乡归来要有日，安得春江变酒从公倾""西望峨嵋，长羡归飞鹤""别后与谁同把酒，客中无日不思家"……

在给大舅子王元直的信里，他深情地回忆儿时旧事："但犹有少望，或圣恩许归田里，得款段一仆，与子众丈、杨宗文之流，往还瑞草桥，夜还何村，与君对坐庄门吃瓜子炒豆，不知当复有此日否？"

从离乡的那一刻开始，他就在不断地寻找着回乡之路。家中的荔枝树结出了累累硕果，他没有办法亲自品尝，"荔子已丹吾发白，犹作江南未归客"；玻璃江畔的远景楼落成，他也无法亲自登临，"嗟夫，轼之去乡久矣……若夫登临览观之乐，山川风物之美，轼将归老于故丘"；最遗憾的是，父母和妻子坟墓上种的小松苗已长成了松林，亲人们的坟墓已拱，他仍是无法亲自去坟头一哭。

他这一生，总是在路上，总是在流浪，从一个异乡漂泊到另一个异乡，即使他念上千千万万遍"归去来兮"，故乡也已经成了他永远也回不去的地方，最后，他只好把每一个暂时停留的地方都当成第二故乡，甚至"以无何有之乡"为乡，但那种无可奈何、无法归家的乡愁总是会在某些特定的时刻侵袭着他。

东坡那种四海为家的性格，有时候会让人忽略他的籍贯，但他始终记得自己的来处，总是以"眉山苏轼"自许，而眉山乃至四川，都因为他而备受时人的关注。他的学问被称为"蜀学"，追随他的人被称为"蜀党"（这个未免以偏概全，毕竟苏门四学士无一人是蜀人），东坡真的是一个最典型的蜀人了，具有最典型的四川人性格，走在四川的街头巷尾，总是觉得满街都是苏东坡，一个个安闲自在、笑容可掬，懂得享受生活中的每一滴情味，也只有四川人，才会在地震之后的公园边支起一桌麻将，可以说是深得东坡遗风。

但毕竟要认识到，相对于中原来说，眉山文化再兴盛，在宋人看来也只是边陲小城。

在汴京，东坡其实是个异乡人，当他像一匹黑马那样闯入京城时，迎接他的，不仅有惊艳，也有不屑，在很多人眼里，他只不过是个乡下少年，仗着会写文章博得虚名，学问和为官之道都算不上正宗。东坡在朝廷备受排挤打压，原因之一可能就是他来自眉山，尤其是后来和洛党之争，可以看作是以正统自居的中原人对非主流的异乡人的一种集体抵制。

作为异乡人，尽管一度青云直上，东坡和汴京、和当时政界所谓的主流一直是有些疏离的，这种疏离让他显得有些格格不入，却无意中保留了他灵魂的高洁和清醒。他不像现在的一些年轻人，逃离家乡后就以大城市人自居，恨不得和故乡划清界限，他一生都以眉山为荣，"眉山苏轼"不仅宣告了他的籍贯，更代表着他的身份认同，骨子里，他永远是那个眉山少年，纯朴、快活，带着一点小城青年特有的愣头愣脑。

1101年，在北归的路上，东坡于常州病逝，去世前朝廷已任命他为蜀地一家寺庙的管理者，同意让他回故乡养老，可惜晚了一步，东坡与他走出的故乡最终失之交臂。

他去世之后，苏辙遵循他的遗命，将他葬在了河南郏县，他下葬之地，两座小山均微微弯曲，远望犹如一对柳叶细眉，当地人称小峨眉山。东坡选择此处为葬身之地，代表了他对故乡的无限眷恋。

而在千里之外的眉山，那座六十六年来寸草不生的彭祖山突然一夜返青了，大家都说，这座山因东坡生而枯，因东坡死而青，那是天地将东坡身上的灵气精华重新返回给彭祖山了。

"名山大川，还千古英灵之气。"（李廌）

眉山苏轼，魂兮归来。我们或许可以相信，在阔别了故乡三十多年之后，东坡以这种方式魂归故里，他的灵魂，重新回到了彭祖山上、玻璃江畔。

碧绿的江水流呀流，江面上传来渔女所唱的《满庭芳·归去来兮》，那是故乡的人民，在为他们最爱的东坡先生招魂。

东坡你听，有此曲安魂，可否慰藉你一生的乡愁？

杭州：故乡无此好湖山

杭州这座城市，具有让人一见钟情的魔力，但凡在这生活过的诗人，对它的美总是念念不忘。如果把杭州比作一位佳人，那么西湖就是这位佳人善睐的明眸，没有它，杭州至少将失色一半。

千古以来咏西湖的诗中，当以这一首《饮湖上初晴后雨》最为闻名：

水光潋滟晴方好，山色空蒙雨亦奇。
欲把西湖比西子，淡妆浓抹总相宜。

有人说，第一个把女人比作花的是天才，那么第一个把西湖比作西子的更是天才了。东坡笔下时有妙喻，这一新奇的比喻，让西湖从此有了一个美丽的别名——西子湖。林语堂在为东坡作传时，也忍不住感叹：西湖的诗情画意，非苏东坡的诗思不足以极其妙；苏东坡的诗意，非遇西湖的诗情画意不足以尽其才。

东坡与杭州着实有缘，他曾两次到杭州为官，第一次是神宗熙宁四年（1071年），出任杭州通判，第二次是哲宗元祐四年（1089

年），出任杭州知州，前后在山明水秀的杭州度过了堪称宁静美好的五年多。

必须要澄清一个问题，有些人总是误以为东坡一外任就是被贬，说他"八次被贬"，这属于严重歪曲，事实上除了黄州、惠州、儋州之外，他所去过的其他州都是属于自请外任，并不是被贬，所以东坡在杭州时，并不是戴罪之身，而是这东南名州的一方官员。

杭州对东坡具有重大的意义，可以说，他那种随遇而安的人生态度是在杭州正式定型的。

之前在陕西凤翔时，他不止一次吐槽说这是个穷山恶水之地，远远比不上他的故乡眉山。

但到了杭州之后，这里的湖光山色很快吸引了他，他就像一个历经沧桑的游子，无意中经过这花柳繁华地、温柔富贵乡，江南的杏花春雨洗去了他一身的疲惫，他只想驻足于此，不愿再继续流浪下去。

上有天堂，下有苏杭，杭州实在太美了。

杭州有多美，柳永有一首《望海潮》描写得淋漓尽致，传闻金主完颜亮就是因其中的名句"有三秋桂子、十里荷花"而生了南侵之心。作为一个超级驴友，东坡在杭州，走到哪写到哪，处处是景，处处是诗：

"天欲雪，云满湖，楼台明灭山有无"，这是冬日的孤山；"卷地风来忽吹散，望湖楼下水如天"，这是雨后的望湖楼；"虎移泉眼趁行脚，龙作浪花供抚掌"，这是清冽无比的虎跑泉；"记取西湖西畔,正春山好处,空翠烟霏",这是春天里的孤山;"欲识潮头高几许,越山浑在浪花中",这是钱塘江八月十五的浪潮;"灯火钱塘三五夜,明月如霜,照见人如画",这是东南第一州的元宵佳节……

若将这些诗句串起来,就是介绍杭州名胜古迹最佳的导游词,如今,我们还可以追随他的足迹去打卡杭州的知名景点。

在杭州的东坡,真正把日子过成了诗,他任职的杭州府衙恰好在紧靠西湖南边的凤凰山麓,天气好的时候,他干脆把办公桌搬到湖边,一边欣赏美景,一边处理公务,有了山水助兴,连工作的效率也高了很多,处理起文书诉讼来其快如风。

闲暇的时候,他喜欢和朋友一起去游西游。生平"不昵妇人"的东坡,到了杭州也有过携妓游湖的风流豪举,据宋人笔记,每逢晴日,他和朋友有时会各领一队歌妓,乘船畅游西湖,船上笙歌袅袅,言笑晏晏,清晨出发,直至深夜方归。在游湖之际,既可以欣赏歌女的曼妙歌喉,还可以品尝船娘的时鲜小菜,"船头斫鲜细缕缕,船尾炊玉香浮浮",以西湖水中的鲜鱼切成细缕,那种鲜美风味,可能还要胜过如今日本盛行的生鱼片。

在这人间福地,东坡不仅饱览了美景,还遍尝了美食。杭州那时已经是个美食之都,但杭邦菜清鲜甘甜,东坡这个四川人是否吃得惯呢?

我们实在不必为此担心,因为辣椒从明朝才传至中国,宋时的四川人,并不像现在这样无辣不欢,比如东坡的口味,就有点像《红楼梦》中的贾母,喜欢吃甜烂之物。

他爱吃甜爱到什么地步呢？有个叫仲殊的和尚，因早年中过毒，酷嗜蜂蜜，东坡给他取了个美名叫"蜜殊"，每到饭点，仲殊就会端上用蜜浸泡过的豆腐、面筋、牛乳之类招待客人，因为太甜了，别的客人都下不了筷子，只有东坡"亦酷嗜蜜，能与之共饱"。

他来杭州，真是来对了，杭州人做菜，最喜欢的就是加上一勺糖。第二次来杭州任职时，他把黄州猪肉的做法带到了杭州，不过成了改良版的，现在我们吃的东坡肉有甜咸之别，可能就是甜的源自杭州，咸的源自黄州。

东坡在杭州，与高僧、名妓有缘，有人说他在杭时"不携名妓即名僧"，公务之余，他最爱去名山古刹游玩，甚至把灵隐寺的一处寺院变成了办公室，除了仲殊外，他在杭州还和惠勤、参寥子（道潜）等名僧交好，交情最好的是参寥子，名气最大的却是佛印。

民间最喜欢编撰佛印和东坡斗嘴的故事，在这些故事里，素来机智的东坡总是被佛印压了一头，后来又加入一个妓女琴操，组成了高僧、名妓、诗人铁三角。

琴操的故事，我怀疑和佛印一样多半是杜撰的，但东坡在杭时，确实和美人有缘，朝云就是杭州人，也是在他第一次赴杭时入苏家的。东坡填词，也是始于杭州，词这种文体，本来就是诞生于酒筵歌席，"则有绮筵公子，绣幌佳人，递叶叶之花笺，文抽丽锦；举纤纤之玉指，拍按香檀"（欧阳炯《花间集序》），东坡在杭州每多游宴，江南佳丽的清歌曼舞助长了他的词兴。

凤凰山下雨初晴，水风清，晚霞明。一朵芙蕖，开过尚盈盈。何处飞来双白鹭，如有意，慕娉婷。

忽闻江上弄哀筝，苦含情，遣谁听！烟敛云收，依约是湘灵。欲待曲终寻问取，人不见，数峰青。

这首《江城子》是东坡和老词人张先同游西湖时所写的，也是他现存的第一首词，而这首词作的女主角，正是那江上弹筝的歌女。这背后还有一个动人的故事，说是东坡在游湖时，有女粉丝慕名来求词，"少年景慕高名，以在室无由得见。今已嫁为民妻，闻公游湖，不避罪而来。善弹筝，愿献一曲，辄求一小词以为终身之荣，可乎？"东坡听了，欣然从命，写下了这首清新明丽的《江城子》。

身为地方官员，东坡在杭五年多是十分称职的，他在杭州救济灾民、创设医坊、兴修水利，为百姓做了许多好事，留下了千古佳话。其中最有名的，当数整治西湖，修建苏堤。关于这一点，前文已有阐述，不再赘述。这里单说他对西湖诗意的开拓，至今，苏堤春晓、三潭印月均属于西湖十景，而这两个景点正是出自东坡这位诗人的大手笔。

值得注意的是，西湖不仅是一个自然之湖，更是一个人文之湖，何处无西湖，但杭州西湖却能名冠天下，一半源自天生的秀美，另一半则来自文人的增色，这是一个被白居易踏马走过、文人们反复吟哦过的湖，东坡的德政和妙笔，让西湖更增添了几分人

第四章 面对漂泊——修得一颗安定心

文之美,不说别的,单是一句"欲把西湖比西子,淡妆浓抹总相宜",就是西湖千百年来最佳的广告词,没有之一。东坡为山水代言的功力,不在李白之下,他们走到哪里,就能让哪里的山水大放异彩。

身为一个四川人,东坡到了杭州之后,真有些"乐不思蜀"了,还是在望湖楼上,他和僚友们喝得醉醺醺的,心满意足地写下了一组七绝,其中之一说:

> 未成小隐聊中隐,可得长闲胜暂闲。
> 我本无家更安往,故乡无此好湖山。

江南,是藏在中国人血液里的一个情结,中国人对杂花生树、草长莺飞的江南是没有抵抗能力的,去过江南的人,很多都觉得这就是自己毕生寻觅的终老之地,就像韦庄词中说的一样,"人人尽说江南好,游人只合江南老"。东坡来到这江南最美的地方,渐渐也不再像以前那样一心只惦记着回眉山了,因为眉山哪有杭州这么美丽的山水。即使是在朝中遭遇排挤被迫赴杭,这样悠游自在的生活,也使得东坡充分体会到杭州的魅力,而萌生"中隐"的思想。

东坡爱杭州爱得深沉,他和那下凡报恩的白娘子一样,总觉得自己和杭州有夙缘:

> 前生我已到杭州,到处长如到旧游。
> 更欲洞霄为隐吏,一庵闲地且相留。

他说自己前生一定到过杭州,不然怎么会走到哪里都有故地重游的感觉,在这里,他愿意寻找一处隐蔽的寺庙,做一个小官,这样便有一个居处可以长长久久住下去了。

东坡曾与朋友参寥一起到西湖边上的寿星院游历,到了寺中,他对参寥说:"我生平从没有到这里来过,但眼前所见好像都曾经亲身经历过,如果我说得不错,从这里到忏堂,应有九十二级阶梯。"叫人数后,果真如他所说。东坡对参寥笑道:"我前世是山中的僧人,曾经在这所寺院中修行过。"

寿星院的一个和尚常看见东坡在夏天一个人赤足走上山去,向寺中和尚借一把躺椅,选一处林荫之下,光着膀子躺在椅子上午睡,他看见东坡的背上有七颗黑痣,排状恰似北斗七星一样。世人都觉得这足以证明东坡是天上星宿下界,在人间暂时作客而已。

他又说自己"居杭积五岁,自意本杭人。故山归无家,欲卜西湖邻",这是完全把杭州当成了自己的第二故乡。后来他买田常州,也是因为都地处江南,风物人情与杭州相似,可能是杭州地贵,居大不易,只能退而求其次。

对东坡先生的厚爱,杭人也报之以深情。

《宋史》记载:"轼二十年间再莅杭,有德于民,家有画像,饮食必祝。又作生祠以报。"杭人家中都挂着东坡的画像,还为他建了生祠,以报答他为杭州百姓谋得的福利。

在杭即将任满时,东坡送好友钱勰(字穆父)去越州任职,于席上写了一首赠别词,这时,他也快要离开,于是,在这首送别好友的词中，对杭州的满腔眷恋化成了笔下的千古名句——"人生如逆旅，我亦是行人"。

是啊，如果人生是一场旅行的话，你我都只不过是天地之间的行人，再美的地方，也只能匆匆路过。

写完这首词后不久，东坡便离开了杭州，自那以后，他便如征蓬飞鸿，无止境地漂泊在人生的旅程之中，再也没有在一个地方停留三年以上，去留半点都由不了自己。

离开杭州后，东坡与杭人还是互相牵挂着，他曾在答陈师仲书中说"轼于钱塘人有何恩意，而其人至今见念，轼亦一岁率常四五梦至西湖上，此殆世俗所谓前缘者"。他认为，自己和杭州一定有不解之缘，以至于自己经常在梦中回到西湖之上，可惜的是，从此之后，他只能"西湖梦寻"，却再也无缘踏足这方灵秀之地。

虽然后来苏公祠被吕惠卿给推倒了，但是完全无损于东坡在杭人心目中的地位，杭州处处都是这位伟大诗人留下的"雪泥鸿爪"，他和这座城市的缘分之深，甚至超过了他的故乡眉山。如今我们去杭州旅游，哪怕是一个的士司机，都可以跟你说起苏东坡在杭州时的种种趣事，杭人亲切地称他为"老市长"，仿佛他就是在此土生土长的杭州人，东坡与杭州，已经浑然一体，他把自己当成了杭州人，杭州人也把他当成了自己人。

惠州：不辞长作岭南人

乌台诗案中，受东坡牵累的故人不少，王巩——王定国就是其中一位。

他被贬至岭南的宾州，家中歌妓柔奴毅然随行，王巩在那里生了场大病，还有个孩子也感染疫病夭折了。东坡对他愧疚得很，一度不敢主动给他写信，他倒是对东坡毫无怨言，仍然跟他交好如初。

元丰六年，王巩北归，唤柔奴出来为东坡侍酒，一见面东坡就又惊又喜，他没有想到的是，岭南的炎热瘴雾，完全没有在他们脸上留下任何风霜，这一主一仆，竟然看上去比出发前气色更好，更加年轻了。他问柔奴，岭南风土，听说不甚佳，是吗？柔奴却淡然作答"此心安处是吾乡"。东坡听后深受感动，特意为她写了一阕《定风波》。

这就是"此心安处是吾乡"的由来。

人生就是如此无常，当东坡对着柔奴大唱赞歌时，可能还没有想到，有朝一日，会轮到他远谪岭南，在那荒蛮之地再谱一阕《定风波》。

第四章 面对漂泊——修得一颗安定心

绍圣元年（1094年），刚开始亲政的宋哲宗启用新党，尽贬元祐旧臣，曾经当过他老师的东坡首当其冲，被冠以"讥讪先朝"的罪名，发配去知英州（今广东英德），这次他决意不再拖累家人，于是让长子苏迈带着一大家人回常州，他只带着侍妾王朝云和三子苏过随行。结果走在路上又接到一纸贬书，再次被贬为"远宁军（今广东普宁）节度副使，惠州安置，不得签书公事"，无可奈何的东坡，只得踉跄着继续南行。

灰暗的南行路上，东坡的心情也同样灰暗，这一年，他已经五十九岁了，没想到临近花甲之年，还要垂老投荒。大半生的奋斗，大半生的功绩，瞬间都成了烟云，他在贬谪途中给朋友的诗里感叹道："人事千头及万头，得时何喜失时忧。只知紫绶三公贵，不觉黄粱一梦游。"

过去玉堂之上的荣华富贵，已成黄粱一梦，展现在他眼前的，是不可知的未来，前路之难，难就难在不可知、不可测，人生的可怕之处就在于，你永远不知道它下坠的底线在哪里。

可以想象，没有到达惠州之前，东坡的心里，必然充满了对未来的忧惧，幸好他初抵惠州，这座城市就以无比开放的姿态迎接了他的到来，他还没下船，热情的惠州百姓已经齐聚在码头欢迎他，地方官詹范对他也很不错，让他住在专门用来招待官员的合江楼里。

他本是一个逐臣，惠州却待他如贵客。善于感恩的东坡，立即写诗表达了他的感激："海山葱昽气佳哉，二江合处朱楼开。蓬莱方丈应不远，肯为苏子浮江来。"（《寓居合江楼》）

东坡生性喜欢新鲜事物，每次初到一地，总是表现得兴高采烈，初到黄州时是如此，刚抵惠州时也是如此。

但这种情绪很快就消失了，取而代之的是消沉和低落，他在合江楼只住了十六天，就因为有人告密，被迫搬到了水东街附近的一座破落寺庙——嘉祐寺。嘉祐寺环境十分恶劣，残垣断壁，荒草丛生。望着眼前满目凋零的凄惨景象，东坡情不自禁地哀叹："夫何异于囹圄(这和坐牢有什么区别)？"

在例行的谢表里，他也不加掩饰地抱怨说："以瘴疠之地，魑魅为邻；衰疾交攻，无复首丘之望。"

若是他长期处于这种自哀自怜的低落状态，那就不是苏东坡，而是秦少游了。王水照分析说，东坡每到一处，都会经历旷—悲—旷的三重境界，初来乍到的旷达可能只是故作旷达，而经过悲凉之后的旷达，才是真正持久而经得起考验的。

和在黄州一样，东坡又一次敞开心扉来拥抱惠州这座全然陌生的城市。宋时的惠州，是众人眼中的化外之地，瘴疠多发，蛇鼠遍地，可能在一般人的眼里，实在是无甚可取之处。但东坡却如同一个误入宝地的寻宝者，惠州在他眼里竟遍地都是宝藏，只等着他兴致勃勃地去发掘。

西湖是他在此地发掘的第一个"宝物"，惠州本无西湖，只有丰湖，因位于惠州老城之西，苏东坡习惯性地称之为西湖，他对惠州西湖的热爱，可能不在杭州西湖之下，也是日夜都游之不足，"予尝夜起登合江楼，或与客游丰湖，入栖禅寺，叩罗浮道院，登逍遥堂，逮晓乃归。"并诗云："一更山吐月，玉塔卧微澜。"

南宋之后，人们普遍将惠州丰湖称为"西湖"。曾写出《东坡寓惠集》的明代大学者张萱诗云："惠州西湖岭之东，标名亦自东坡公。"

除了西湖之外，居惠三年，东坡的足迹遍布罗浮山、香积寺、佛迹岩、九龙潭瀑布等，其中罗浮山成了继西湖之后他挖掘的第二大宝物，一句"罗浮山下四时春"令此山千古扬名，罗浮山相传是葛洪修道之处，而东坡居惠时，最仰慕的两个古人就是葛洪和陶渊明，他常常希望能和这两位前辈偕隐于山水之间。

荔枝，则是东坡惠州寻宝记中收获的最为璀璨夺目的一枚宝物。"日啖荔枝三百颗，不辞长作岭南人"，这是人人皆知的名句了，广东本地人喜欢说"一颗荔枝三把火"，有人怀疑东坡可能是听不懂粤语所以误写成了"日啖荔枝三百颗"，毕竟东坡胃口再怎么好，一天也吃不下三百颗荔枝，这若真是误会，倒也是个美丽的误会。

东坡还为荔枝写了不少诗文，例如这一首《四月十一日初食荔枝》也是名篇：

南村诸杨北村卢，白花青叶冬不枯。
垂黄缀紫烟雨里，特与荔枝为先驱。
海山仙人绛罗襦，红纱中单白玉肤。
不须更待妃子笑，风骨自是倾城姝。
不知天公有意无，遣此尤物生海隅。
云山得伴松桧老，霜雪自困楂梨粗。

> 先生洗盏酌桂醑，冰盘荐此赪虬珠。
> 似闻江鳐斫玉柱，更洗河豚烹腹腴。
> 我生涉世本为口，一官久已轻莼鲈。
> 人间何者非梦幻，南来万里真良图。

境由心转的魔法又一次上演了，在这首诗中我们可以看到，那个令东坡曾生出"何异于囹圄"之感的惠州，一下子变成了让人留恋之地，这里四季常青，杨梅卢橘入冬不枯，更有果中尤物可以饱啖，风味胜过河豚和江珧柱，怎不让人感叹"南来万里真良图"。

世上有这样一种人，从来不会因为自身所遭受的苦难，就对他人的苦难视而不见。东坡就是如此，在惠州时他物质方面常常陷入困窘，却始终不忘关心民生疾苦。

初到惠州，他见到这里的百姓都是站在齐膝深的泥田里插秧，俯身弓背，不仅辛苦，而且在泥水里泡久了，脚面都泡烂成疮了，东坡一见之下，就在此地大力推广秧马，他亲自动手设计，还作《秧马歌》，劝农夫站在秧马上劳作，大大缓解了他们的辛劳。

惠州缺医少药，他就到处搜罗药品，经营过药圃，为民众治病，当时惠州流行瘴疫，他告诉大家："治瘴止用姜葱豉三物，浓煮热呷，无不效者。"他还给自己的表兄程之才多次写信，反映惠州军队强占民房的事情，并提出了整改措施和意见，为民众发出了自己的声音。

他在惠州最令人称道的一件事是主持修建"两桥一堤"，惠州东西两城隔江相望，当时的老百姓只能靠小船过河，不仅不方便而且危险,经常有人溺水身亡。

东坡实地考察之后,提出了在江中修建两桥一堤的方案,他自己率先捐出了皇帝赏赐的犀带,又发动弟弟一家捐款,弟媳史夫人在他的动员下,也捐出了皇帝所赐的黄金。东坡真是个实干家,以戴罪之身,居然完成了如此高难度的筹款和修建工作,两桥一堤落成之日,惠州百姓奔走相告,热烈庆祝,"三日饮不散,杀尽西村鸡"。

和这些实事相比,东坡对惠州的最大贡献还是将灿烂的中原文化带到了岭南偏远之地,他寓居岭南时创作了五百多首诗,仅次于黄州时期,和在黄州一样,他在惠州也交游广阔,《宋史》说他在惠州"居三年,泊然无所芥蒂,人无贤愚,皆得其欢心"。惠州的山水风物,因他的吟咏而倍添光彩,惠州的人文气息,因他的到来而更加浓厚。"一自坡公谪南海,天下不敢小惠州",本来被视作瘴疠之地的惠州,只因有了东坡,从此后成了瓜果飘香的山水胜地、文化昌盛的岭南明珠。

刚到惠州时,东坡还是渴望北归的,南行时经过衡山,正逢天朗气清,他觉得是和韩愈当年北归所睹的吉象一样,不禁大为振奋。后来绍圣二年,朝廷正式颁旨,称元祐诸臣皆不得召回。东坡自知无望,索性绝了北归之心,在写给表兄程之才的信里说:"就好比我原本是个惠州秀才,屡试不第,又有何不可?"

有一次他去游松风亭,松风亭在一座很高的山顶上,爬山的人都想登顶,他本打算到山头松风亭处再休息,可是他爬到半山腰实在爬不动了,干脆原地休息,并据此写了一篇《记游松风亭》：

> 余尝寓居惠州嘉祐寺，纵步松风亭下，足力疲乏，思欲就林止息。望亭宇尚在木末，意谓是如何得到？良久忽曰："此间有什么歇不得处！"由是如挂钩之鱼，忽得解脱。若人悟此，虽兵阵相接，鼓声如雷霆，进则死敌，退则死法，当恁么时也不妨熟歇。

《记游松风亭》让我想起日本导演黑泽明的一篇文章叫《山顶的风》，他所说的山顶的风，是指长时间艰苦地走山道的人，快到山顶时能感到迎面吹来的凉爽的风。这风一吹到脸上，登山者就知道快到达山顶了。他将站在这群山之巅，极目千里，一切景物尽收眼底。

东坡初出茅庐时，何尝不像锐意进取的黑泽明，一心只想往上攀登，想登上群山之巅，享受山顶那凉爽的风。按照世俗的观点来看，如果出将入相是人生巅峰的话，那么他离这巅峰仅仅是一步之遥了，只差一点点，他就可以登上权力之巅，极目千里，俯瞰众生。

可就在此时，他被一把推了下来，数十年的功名富贵、苦心经营顷刻化为乌有，这种骤然跌落的失重感，足以将一个人完全毁灭掉。东坡当然没那么容易被毁掉，被贬后尽管有过消沉低落，也曾万念俱灰，但心中那一点豪情和热望还是不灭，这点热望折磨着他，让他感觉自己就像挂在钩上的鱼一样不得解脱。

我们可以把游松风亭的过程看作他的心路历程，登顶之路就是人生之路的隐喻，当爬到半山腰时，他突然间如醍醐灌顶，既然爬不动了，那就不要爬了，"此间有什么歇不得处"。

"此间有什么歇不得处"，是活在当下，是放下执着，也是"此心安处是吾乡"，是柔奴当年的清歌在东坡身上的回响，一念至此，就如鱼脱钩，心无挂碍，得大自在，得大解脱。

这是东坡生命中一个顿悟的瞬间，而顿悟是需要大智慧的，大多数人终生都如挂钩之鱼，活在焦灼与困顿之中，不是在追悔往事，就是寄望于未来，一生都在苦苦寻觅、求而不得。若能够领悟到"此间有什么歇不得处"，才能专注于过程而不是结果，才能安于每一个当下，哪怕当下的生活并不完美，那也值得去珍惜和品味，流逝永恒，我们只能活在此时此刻。

顾随在讲解大晏（晏殊）词时说过一段话：你不要留恋过去，虽然过去确可留恋；你不要希冀未来，虽然未来确可希冀。我们要努力现在。和东坡所说的"此间有什么歇不得处"正是同一个意思。吹不到山顶的风又怎样，半山腰的风何尝不是一样凉爽？

从那以后，东坡开始真正地以惠州为家，没有药材，他便亲自采摘草药、制作药膳，在白鹤峰种植过人参、地黄、枸杞、甘菊、薏苡等药材。物质贫乏，他便自己酿桂酒、酿真一酒，烤羊脊骨，煨个芋头也能吃得又香又甜。知交零落，他便与陶渊明隔空唱和，去古人中寻找自己的知音。

他花了足足一年的时间，设计和修建白鹤峰上的房子。这项不小的工程花掉了他所有的积蓄，等房子建成时，几乎囊空如洗了。房子是他亲自设计的，筑屋二十余间，书斋叫"思无邪斋"，客厅叫"德有邻堂"，还有"睡美处""来问处"两处小斋，宅院内外则种有松、柏、柑、橘、柚、荔、茶、梅等，门口可俯瞰大江，风景绝美。

建成之后，东坡搬进新居，与翟夫子、林婆婆为邻。他已经决心在此终老，还将苏迈、苏过的家眷都接到了白鹤峰的新居里，儿孙绕膝，其乐融融。可惜好景不长，入住新屋仅两个多月后，朝廷再次将他贬往海南，这花甲老人，只得依依不舍地告别生活了三年的惠州。

白鹤峰的新居，和黄州的雪堂一样，成了他魂牵梦绕的另一个"家"，他在海南时，心心念念的，就是希望能再回到白鹤峰上。

东坡离惠后，"惠人以先生之眷眷此邦，即其居建祠祀焉"，白鹤峰东坡故居便改为苏东坡祠。南宋高宗绍兴二年赣州的一伙盗匪洗劫了惠州城，同时放火烧了归善县，但却没有对苏轼在白鹤峰的故居做出任何损害，还让人修葺了纪念王朝云的六如亭，在她墓前祭拜而返。白鹤峰东坡故居遗迹是目前全国唯一可以考证的东坡亲自建房之地。

广东，在唐宋时一直被看成是化外之地，可这块土地的人民，对不幸流落于此的文豪们却给予了十万分的爱戴和尊重。韩愈被贬潮州仅八个月，就"赢得江山都姓韩"，韩山、韩江、韩山师范学院都被冠以韩姓，东坡之于惠州，也有相同的意义。

如今的惠州，也处处可见东坡遗迹、东坡元素，东坡逝去七百年后，比尔·波特[①]在走访惠州的校园时发现，孩子们对东坡诗词都如数家珍，数百年后，惠州人仍然在东坡身上汲取着精神营养，这也许就是最好的纪念。

---

① 比尔·波特：美国当代作家、翻译家、汉学家。著有《空谷幽兰》《寻人不遇》《禅的行囊》等。

海南：家在牛栏西复西

自宋太祖立朝以来，就定下了不杀士大夫的规矩。到了哲宗手里，即使权相章惇一手遮天，也不能破坏祖宗家法，但是贬去哪里，由他说了算。那时距京城最荒僻遥远的地方，莫过于海南，被贬至天涯海角，是仅次于杀头的惩罚。

绍圣四年（1097年），东坡就受到了这最大的惩罚，据说是章惇见不得他在惠州竟然如此快活，于是玩起了象形梗，东坡字子瞻，便被贬到了海南的儋州。

那时的海南，相当于清朝的宁古塔，是一个令贬官们毛骨悚然的所在。一道琼州海峡，代表的不仅是地理上的隔断，更是情感上、文化上的隔绝。

再次被贬的消息传来，时任惠州太守的方子容都不忍直言相告，只得编了一个"菩萨将与子瞻同行"的故事来劝解他，但东坡倒十分坦然，回答说世事皆有定数，何德何能得蒙菩萨庇佑。

此时他已六十二岁，认定自己"垂老投荒，无复生还之望"，到海南后，"首当作棺，次便作墓"。又尽量洒脱地劝慰儿孙们"生不挈家，死不扶柩，此乃东坡之家风也"。

说是这么说，但当这花甲老人与家人临江泣别时，心里还是十分伤感的。

六月十一日，他在雷州半岛辞别了亲爱的弟弟，携三子苏过一人渡海，据说船上就带有空棺一具。

一代文豪，就此又漂流在茫茫的大海之上，漂向那渺不可测的未来。

初至海南时，东坡环视周围，四周都是茫茫的海水，仿佛是来到了异域，不禁凄然叹道："不知何时能出此岛。"

但他转念一想，天地在积水之中，中国在四海之中，不都是处于一个大岛上吗，以大观小，他的处境又何足道也。

但这种自我宽解没有维持多久，尽管早有心理准备，可真实情况比他预想的还要糟糕，儋州的生存环境，远比黄州、惠州还要恶劣得多，这里是一个完全没有开发的蛮荒之地，气候炎热，人烟萧条，初到儋州的东坡，就好比流落在荒岛的鲁滨孙，一下子从文明社会来到了原始丛林，处处都不适应。

一向乐观的他忍不住向朋友诉苦说这里什么都没有："此间食无肉，病无药，居无室，出无友，冬无炭，夏无寒泉，然亦未易悉数，大率皆无尔。"

东坡走到哪都喜欢呼朋唤友，但在这蛮荒岛屿上，举目无亲，语言不通，刚到儋州那段时间，他说自己淡然无一事，只能每日在家中杜门默坐，以消永日，热带的一天又分外长，性喜热闹的他，只觉得静极生愁。

这种情况随着新任军使张中的到来开始好转，张中喜谈兵法、天性豪俊，对东坡执礼甚恭，几乎每天都去拜访他。张中见东坡居住环境太差，特意遣士兵修葺驿所，将东坡父子接过去住。张中喜欢下棋，经常和苏过下棋，在一旁围观的东坡有感而发，写了一首《观棋》：

五老峰前，白鹤遗址。长松荫庭，风日清美。
我时独游，不逢一士。谁欤棋者，户外屦二。
不闻人声，时闻落子。纹枰坐对，谁究此味。
空钩意钓，岂在鲂鲤。小儿近道，剥啄信指。
胜固欣然，败亦可喜。优哉游哉，聊复尔耳。

东坡棋技很差，却领悟到了围棋之道，在于"胜固欣然，败亦可喜"，赢了自然开心，就算是失败了，那也是可以高兴起来的，毕竟享受了这个下棋的过程，弈棋是如此，人生又何尝不是如此。

流落到海岛的东坡，在政治斗争中无疑是失败了，多少政敌等着看他笑话，可这老人却倔强得很，也豁达得很，没有叫一声苦、喊一声冤，在天涯海角仍然将日子过得兴兴头头。

他努力适应着海岛的生活，当地土人以芋头为食，他就带着儿子一起食芋饮水，还学会了烹制生蚝，认为是世上少有的美味；海岛上没有医药，他跟土著学会了辨别当地的草药，他听闻有一种叫"倒粘子"的草药可以治疗腹泻，吃了几颗发现味道还不错，于是将其制成药丸，每天吃上一百来粒，用它治好了自己的腹泻；岛民都没有浴盆，酷爱沐浴的东坡灵机一动，发明了干浴之法，用来代替沐浴；为了和当地居民沟通，他居然学起了海南话，还说假以时日一定能精通这种如同鸟语般的方言。

在张中的引荐下，他交了很多土著朋友，儋中逸士黎子云兄弟，住所前一口大池，水竹环绕，环境清幽，东坡和朋友一起为他们凑了点钱，建了个房子，他取名叫"载酒堂"，成为朋友们欢聚之地，从此后，东坡和这些土著朋友日益亲密，进一步恢复了他的活力和热情。

更难得的是，即使流落到这蛮荒之地，他仍然固执地保持着一种文人雅士的生活情趣。

他曾有一套精美的酒具，迫于生计都卖光了，只留下一枚精美的荷叶杯，在海南，他就是用这个荷叶杯喝亲自酿的天门冬酒，喝得其乐陶陶。喝酒与饮茶，是他保持了终身的乐趣，尽管已经年迈，他还是兴冲冲地去江边汲取清冽的江水，在煎茶的过程中享受如听松风、雪乳翻沫的视听盛宴。海南没有好墨，他就亲自烧松制墨，差点闹出火灾，还好得了佳墨五百余丸，足以用到终老，他深深为之窃喜。

东坡在海南时写过一组诗叫《谪居三适》，分别是旦起理发、午窗坐睡、夜卧濯足，仿佛只有谪居至此，才能充分享受安闲之乐。

海岛三年，东坡亲自践行了"败亦可喜"的人生哲学，真正做到了知行合一，即使在低谷中的低谷，他依然执着地拥抱生命中每一分欢愉。

当然，东坡在海南的生活也不是那么一帆风顺，元符元年（1098年）四月，章惇等人得知张中如此优待他，于是将张中革职,将东坡父子逐出了官驿。

父子二人在桄榔林下待了数天,这种风餐露宿的狼狈,是他在其他地方没有经历过的。

张中很讲义气,被革职之后,还是足足在儋州待了十个月才离开,他走了之后,东坡依依不舍,特意写诗相赠。

东坡被赶出官驿后,只得拿出仅有的一点钱,在朋友们的帮助下,盖了一栋简陋的房子,和土著所住的寮屋类似。他给这栋房子取名叫作"桄榔庵",作《桄榔庵铭》。这所房子坐落在桄榔林中,夜里躺在床上,能够听到黎民猎鹿的声音,有时黎民也会叩门以鹿肉相赠。

这是东坡一生中住过最简陋的居所,可就是这么简陋的居所,竟成了海南的文化渊薮。

东坡在这里辛勤著书,撰写他的海南三书(指《易传》《论语说》《书传》),追和陶诗,海南的士子们也闻风而至,纷纷拜入其门下,甚至有人从广州、浙江渡海而来,只为了亲炙先生的教化。桄榔庵里、载酒堂中,都不时传来学子们琅琅的读书声,每闻此声,东坡都深觉老怀大慰。

海南的第一个举人姜唐佐就是他培养出来的,东坡深爱其才,称他"文气雄伟磊落,倏忽变化"。

为了鼓励他参加科举,东坡在离岛之时,送他一联"沧海何曾断地脉,白袍端合破天荒",勉励他等到高中之后,再为他续写诗篇。

后来姜唐佐成为海南有史籍所载的第一个举人,又高中进士,其时东坡已逝,续诗的任务由弟弟苏辙完成,他所补全诗的最后两句是:"锦衣今日他人看,始信东坡眼目长。"

一道琼州海峡,隔不开中原和海南的文脉,因为东坡在哪里,文脉就会延续至哪里,他将文明的火种,播撒到这片蒙昧之地,有人把他称为中原和海南的文化凿空者,从这个角度来说,他才是"续地脉、破天荒"的那个人,"宋苏文公之谪儋耳,讲学时道,教化日兴,琼州人文之盛,实自公启之。"

东坡自身也有这种自觉传播文化的使命感,他在诗中写道:"天其以我为箕子,要使此意留要荒。他年谁作舆地志,海南万里真吾乡。"

既来之,则安之,在这蛮荒小岛,他又一次发挥了与民同忧、与民共乐的作风。

海南人习惯食芋为生,大片田地都荒芜了无人耕种,他就写了一组劝农诗,苦口婆心地劝黎族人耕种田地;黎民有一种陋习,就是杀牛祭祀,东坡不忍见耕牛无辜被杀,又作《牛赋》,希望能引导他们不要杀牛;黎族人又习惯让妇女出外操劳,男人反而游手好闲,东坡出于对女性的深刻同情,仿照杜甫写了一组诗,试图改变这种风俗。

移风易俗从来不是一件容易的事,但从东坡身上,我们看到了儒家知其不可为而勉力为之的精神,他是这蒙昧之地的一个燃灯者,试图用文明之光,来点亮黎民的心智。

黎族人民有愚昧的一面,也有淳朴的一面,和中原那些营营役役的人相比,他们好像不知忧愁为何物,饥来则食,渴来则饮,很少为未来忧虑。东坡本来就天性淳厚，和他们走得近了，更是机心泯尽，有一则小品文，写的就是这种心境：

己卯上元，予在儋州，有老书生数人来过，曰："良月嘉夜，先生能一出乎？"予欣然从之，步城西，入僧舍，历小巷，民夷杂揉，屠沽纷然。归舍已三鼓矣。舍中掩关熟睡，已再鼾矣。放杖而笑，孰为得失？过问先生何笑，盖自笑也。然亦笑韩退之钓鱼无得，更欲远去，不知走海者未必得大鱼也。

这则《书上元夜游》，和他在黄州所写的《记承天寺夜游》一样，都是撷取了生命中一个优美的片段，写的都是良月嘉夜，连文字都仿佛被月光浸透了，空灵通透，纤尘不染。这时的东坡，已经到达了人生更高的境界，得失荣辱，早已一笑忘怀。

远离了庙堂之上的是是非非，东坡仿佛也返老还童，尽管已是垂暮之年，心态却越发单纯，他写于海南的诗，和以往相比越发涉笔成趣，无物不可入诗，且看这一组诗：

半醒半醉问诸黎，竹刺藤梢步步迷。
但寻牛矢觅归路，家在牛栏西复西。

总角黎家三四童，口吹葱叶送迎翁。
莫作天涯万里意，溪边自有舞雩风。

符老风情奈老何，朱颜减尽鬓丝多。

投梭每因东邻女，换扇惟逢春梦婆。

到海南不久，他就恢复了随处漫游的习惯，有一天他喝得微醉，醉醺醺地往回走，一路都是竹刺藤梢，差点儿迷路了，这时，一堆牛粪出现在他的迷离醉眼中，他终于找到了回家的方向，只要循着那牛粪之迹，就可以找到家，因为他的家，就在"牛栏西复西"。他已经将这蛮荒之岛，当成了自己的又一个故乡。

还有一天，他头顶一个大西瓜，穿行在西瓜田里，路上遇见了一个相识的老婆婆，两人就闲聊了起来，老婆婆开解他说："内翰昔日富贵，就当成一场春梦吧！"东坡不禁又惊又喜，没想到这位一字不识的老婆婆，竟然说得出如此具有诗意和哲理的话来。他开怀大笑，从那以后就称她"春梦婆"。

事如春梦了无痕。东坡初抵惠时，佛印①曾写信给他，劝他将过去二三十年的功名富贵看作粪土，去寻找他的本来面目。东坡没有辜负老友的期望，在西瓜田里与老婆婆相对大笑的那一瞬间，他已经彻底放下了前尘往事。

在这天涯海角，他彻底回归本色，活成了一个"老顽童"，儋州人常常见他一个人在田间陌上溜达，谁家有好酒，他会讨一杯喝，谁家地里种了蔬菜，也会摘一把送给他。当地人已经和他亲如一家，在这里，没有人当他是大学士，都当他是个有趣的怪老头，

---

① 佛印（1032—1098）：北宋僧人，原籍江西浮梁，俗姓林，法名了元。宋神宗钦仰其道风，赠号佛印禅师，是苏东坡好友。

有天东坡去拜访他的好朋友黎子云，半路乌云密布下起了大雨，他便向附近的农户借了竹笠屐鞋来避雨。东坡头戴尖竹笠、足踏厚木屐，显得怪模怪样，惹得围观的妇女儿童哈哈大笑，连狗也对他吠叫。这种斗笠，后来儋州人亲切地称为"东坡笠"。

东坡笠、东坡井、东坡桥、东坡话、东坡羹、东坡书院……居岛三年，东坡在这留下了点点履痕，等到他遇赦北归时，欣喜之余，对海南也不无留恋，"我本海南民，寄生西蜀州"（《别海南黎民表》），他已经认可了"海南民"的新身份，反而把故乡西蜀当成了寄居之地。

离岛之际，他在诗中深情地告白："九死南荒吾不恨，兹游奇绝冠平生。"当初那个令他惴惴不安的海岛，带给他的却是不乏快意的全新体验。

这三年，可以看成晚年东坡的一段奇幻漂流，有了这三年的返璞归真，他才可以更加豁达坦然地迎接人生最后的终点。

而海南人民，已经彻底将这天涯逐客看成了原住民，在儋州的东坡书院，高高耸立着一座雕像，雕像中的东坡身着布衣和笠屐，一副平民模样。这是海南人心目中的东坡，海南人喜欢的，不是那个"登大科、坐玉堂"的翰林学士，而是这个褪尽繁华、嬉笑自若的老顽童。

透过岁月的烟尘，我们似乎可以看到，他就在海南的田间地头漫步，头戴斗笠、脚穿木屐，永远都是笑嘻嘻的模样，仿佛从未经历过苦难。

第五章 关于家人——修得一颗温暖心

幼时获得的丰沛的爱,如同一束束阳光,照亮了苏东坡一生最初的底色。后来他不管遭遇何种挫折,一颗心始终温暖如初。

与苏洵：知子莫若父

历史上父子均以文章名世的不少，但著名如苏家父子的却绝无仅有，眉州苏家，一门父子三才士，唐宋八大家里，苏家父子就占了三席，分别是苏洵、苏轼、苏辙，如此成就，可以说是光耀千古了。

如果说父亲就是孩子们的起点，那么苏轼兄弟拥有的起点比一般人高得多，说他们站在巨人的肩膀上也不为过。

苏洵，字明允，号老泉。苏老泉在史上是以大器晚成闻名的，传说他青少年时终日嬉游，不喜读书，直到二十七岁才发愤读书，开蒙读物《三字经》都把这编了进去："苏老泉，二十七，始发愤，读书籍。"

请注意发愤这两个字，事实上苏洵不可能二十七岁才识文断字，应该说他以前都自负聪明，读起书来不太认真，直到第一次应乡试失败，才痛定思痛，悔其少作，把旧稿都烧了，潜下心来将《论语》《孟子》、韩愈文章等诗书子集从头细读，如此在书斋里苦读了六七年。

他读书认真到了什么地步呢？

据说有次妻子程夫人拿了碟粽子给他吃，他因为太过专心，居然蘸着墨水吃完了。

他的经历也充分说明了，对于一个有天赋有志向的人来说，什么时候开始都不算晚。苏洵年过三十才以才学名，当时的名士张方平对他倍加欣赏，但他科举之路很不顺利，哥哥苏涣很早就中了进士，他却屡屡落第，后来四处求官也屡屡受挫，最终在欧阳修等人的引荐下也只做过诸如秘书省校书郎、文安县主簿之类的小官。他是个心气极高的人，难免会因此充满挫败感，文章中因此也总是充盈着一股愤懑不平之气。

比如写给宰相韩琦的《上韩丞相书》里就有这么一段话："凡人为官，稍可以纾意快志者，至京朝官始有其仿佛耳。自此以下者，皆劳筋苦骨，摧折精神，为人所役使，去仆隶无几也。"

在他看来，不在京城为官的小官吏们，屈居人下，处处受缚，几乎和奴仆没有区别，这番话，真是道尽了底层小公务员们的苦楚。考虑到他写这封信给韩琦是为了求官，就更加觉得这个人可真是敢说敢写。

都说父亲是孩子的第一位偶像，毫无疑问，苏洵在少年苏轼的人生中扮演了一个至关重要的角色。

苏洵二十七岁开始发愤图强，二十八岁儿子苏轼出生。他对这位长子寄予厚望。

苏洵不仅自己刻苦用功，也以同样严格的标准来要求儿子，苏轼刚八岁，他就安排儿子师从张易简读书，平时在家里也课子甚严，苏轼六十二岁时，回忆起父亲的严厉仍历历在目：

> 夜梦嬉游童子如，父师检责惊走书。
> 计功当毕《春秋》余，今乃粗及桓庄初。
> 怛然悸寤心不舒，起坐有如挂钩鱼。
>
> ——《夜梦》

他那时还只是个小小孩童，由于贪玩没有将父亲布置的读书任务如期完成，《春秋》还只读了三分之一，数十年后梦到这一幕还是会吓得惊醒，满心惊慌，好比不小心吞到鱼钩的小鱼那样惶恐。

正是在父亲的超高要求下，苏轼少年时读书下了很大的苦功，他读书都是边读边抄，一百二十卷的《汉书》，他手抄了两遍。苏轼成年后入朝为翰林，侍从说他为皇帝起草各类文件时提笔就写，从不需要查询任何资料，可见年少时读过的那些书，已经深深地印在了他脑子里，这和父亲苏洵的高标准严要求脱不了干系。

关于苏洵教子读书，还有一个流传甚广的小故事，说他为了激发孩子阅读的兴趣，故意将书藏起来，苏轼兄弟出于好奇，便会去主动找他所藏的书来读。事实上苏洵虽然有"藏书"的行为，可能并不是像现代人想象的那样是为了勾起孩子兴趣，而是觉得内容并不太适合孩子阅读。

苏洵爱谈纵横术，喜读《战国策》，外出时都不忘携带在身，而他觉得小孩子还是应该多读儒家的经典。岂料苏轼兄弟偏偏要找出来读，尤其是苏轼，一看就喜欢上了《战国策》。苏洵未必刻意引导儿子读这类书，但他也不限制孩子看"闲书"，因此苏轼从小就无书不读，奠定了兼容并收的基础。

像每个望子成龙的父亲一样，苏洵在教儿子读书的同时，也教他们写作。他常常带着两个儿子一起写同题作文，父子三人曾一同重写过《六国论》，并且经常互相唱和，第二次出川的路上也不忘行吟互和，留下了一部各具风格的《南行集》。

苏洵非常讨厌那种繁复华丽的文风，偏爱韩愈的雄奇跌宕和欧阳修的平易晓畅，他最擅长写策论，代表作有《六国论》《管仲论》《心术》等，行文颇有纵横家的风采和孟子的气势，输出了"泰山崩于前而色不变"等金句。

受父亲的教诲，苏轼从小写文章就追求内容要言之有物，文风要汪洋恣肆，十岁时，就写出了这样的文章："人能碎千金之璧，不能无失声于破釜，能搏猛虎，不能无变色于蜂虿……"展露出雏凤清于老凤声的峥嵘气象，苏洵充分肯定了儿子的天才，赞叹他出语不凡。父亲的赞许增强了苏轼的信心，很多年以后，他还把这段得意之句写进了新作之中。

治学方面，苏洵对苏轼也不无影响。

他晚年钻研《周易》，写作《易传》没有完成就生了重病，临终前的遗愿居然是叫儿子替他完成这本著作，苏轼继承父亲的遗志，写成了《易传》，又加入了弟弟苏辙的注解，合称《苏氏易传》。

在学术的道路上，苏洵可以说奠定了苏轼一生的基础，而在人生的道路上，他则指明了儿子一生的方向。

是他毅然带两个儿子上京应举，苏洵素来心怀鸿鹄之志，显然并不那么依恋故土，一心要出蜀求仕。不得不说，这是一个英明的决定，尤其是对于苏轼兄弟来说。

海明威曾说："如果你有幸在年轻时到过巴黎，那么以后不管你去哪里，它都会跟着你一生一世。"

宋时的汴京，繁华程度不亚于海明威眷恋的巴黎，苏轼跟随父亲入京时才二十一岁，从相对封闭的蜀地来到了开放繁盛的京城，汴京之于年轻的他来说，正是一席"流动的盛宴"，一个更加广阔的世界在他面前徐徐展开，眼界从此大开，胸襟也为之一广。

是他引领儿子们进入到当时的名流圈。科场失利之后，苏洵决定不走寻常路，不再执着于应举，而是通过干谒的方式，试图谋得一官半职。

他去成都拜谒知府张方平时，就带上了苏轼兄弟，张方平堪称苏轼人生中的第一位导师，最是博闻强记，记忆力还在苏轼之上，他听说苏轼在重读《汉书》，居然劝后者说："书读一遍就可以了，何必浪费时间读第二遍。"不过对苏轼兄弟，张方平评价很高，说二子都是天才，长者尤为明敏可爱。张方平给礼部侍郎欧阳修、枢密使韩琦都写了推荐信，不遗余力地举荐苏轼父子，后来也常常对他们施以援手，苏轼对此铭感于心，甚至在张方平去世后为他戴孝三月。

苏洵到京城拜谒韩琦、欧阳修等人时，也不忘带上两个儿子。

正是有了父亲铺的路，苏轼兄弟才有可能年纪轻轻就结识前辈学者，而且都是名重一时的大才士，有了这些人的揄扬，苏轼才能二十出头就顺利打入了北宋文坛的文艺核心圈。其中苏洵功不可没，既是引路人，也是同行者，可以说他一手拓宽了苏轼的人脉圈子和人生半径。

苏洵为人不苟言笑,极为刚烈。爱女八娘嫁给表哥程之才后,因和舅姑丈夫不睦,嫁过去不久就抑郁而终,年仅十八岁。苏洵气愤之下,当即宣布和程家绝交,并将程家是如何凌虐爱女的都写进了《自尤》一诗中。他还公开指责程之才一家是势利小人、宠妾灭妻,"是三十里之大盗也",全然不顾程家本是自己的岳家,他不怕得罪人的性格可见一斑。

某种程度上,苏轼兄弟继承了父亲这方面的性格,相对来说苏辙较为谨言慎行,而苏轼遇到大是大非的问题,也和父亲一样刚肠疾恶,遇事便发。

苏洵深知两个儿子的不同特点,在那篇著名的《名二子说》中,他写道:"轮辐盖轸,皆有职乎车,而轼独若无所为者。虽然,去轼则吾未见其为完车也。轼乎,吾惧汝之不外饰也。天下之车莫不由辙,而言车之功者,辙不与焉。虽然,车仆马毙,而患亦不及辙。是辙者,善处乎祸福之间也。辙乎,吾知免矣。"

苏轼兄弟的名字都和古时的"车"有关,"轼"是车上的前列扶手,位置最显眼,也最易惹祸;"辙"是车轮压出的痕迹,看上去没什么功劳,但也因此得以免责。苏洵认为小儿子性格沉静,"善处乎祸福之间",应该能够不及于祸,认为大儿子太过直率、不加掩饰,担心他会因此惹祸,所以还特意给他取字"子瞻",希望他做事能瞻前顾后一些。这篇文章是苏洵三十九岁那年出游还家所写的,那一年,苏轼十二岁,苏辙九岁,知子莫若父,父亲已经提前预言了他们一生的命运。

苏轼对父亲极为尊敬孝顺，尤其是早年间，在政见、治学、交游等方面都可以看到父亲对他的影响。他去凤翔为官时，知道父亲喜欢吴道子的画，便四处搜罗，不惜花了十万铜钱购得吴道子画的四扇门板，正面是菩萨，反面是天王，回京后献给了父亲，苏洵如获至宝，认为是生平藏品中最得意的。后来苏洵过世，他又将这件藏品连同灵柩一起运回了眉山。

在苏轼的成长过程中，除了父亲苏洵，母亲程夫人也扮演了一个非常重要的角色。程夫人"好读书，通古今"（苏辙语），苏洵在外游历时，她就接过丈夫的担子，负责教儿子读书。

有个故事大家都耳熟能详，说程夫人教苏轼读《东汉史》，读到范滂临刑前与范母诀别一幕不禁慨然叹息，范滂是东汉时著名的忠臣孝子，却不幸蒙冤早死。小苏轼被范滂的人品气节深深感染，听到母亲叹息垂泪，便说道："母亲，我长大了也想做范滂这样的人，您允许我这样做吗？"程夫人听了后十分欣慰地说："如果你能够做范滂那样的人，难道我就不可以做范母那样的人吗？"

程家是当地首富，程夫人嫁给苏洵后，却不愿意依傍娘家，而是亲自纺布，还做起了丝帛生意，不出几年，就经营得大有起色，一家人都搬到了眉山的纱縠行南街。

她乐善好施，遇到族人有困难的总是会出手帮助，自己本身却并不看重钱财，有一次，苏家婢女发现家中有一个洞里藏着个大瓮，大家都说里面装着的是财物，程夫人却不肯去掘藏，显露了她不贪非己之财的性格。

苏轼在《前赤壁赋》中的名句："且夫天地之间，物各有主，苟非吾之所有，虽一毫而莫取。"可能也是源自幼时母亲留下的教诲。

程夫人性情宽厚，苏家的院子里很多鸟雀，其他类似的人家都把鸟雀杀了。只有程夫人嘱咐家里的仆人，见到鸟雀一律不准伤害。几年间，鸟雀们都将巢建在花木的低枝上，甚至低下头都可以看到孵出的小鸟，还引来了一种十分珍稀的"桐花凤"。这些可爱的小鸟给了幼年的苏轼许多快乐，他还专门写了诗作《异鹊》记这件事："昔我先君子，仁孝行于家。家有五亩园，幺凤集桐花。"

程夫人一生劬劳，可惜在苏洵父子三人上京赶考时就不幸病逝，那时候，苏轼兄弟同中进士的喜讯还没来得及传到眉山。苏轼等听闻后，返乡将她葬于老翁泉畔，后来苏洵与王弗也葬于此处。苏轼还特意请司马光为母亲写了墓志铭，铭文中称颂她："妇人柔顺足以睦其族，智能足以齐其家，斯已贤矣；况如夫人，能开发辅导成就其夫、子，使皆以文学显重于天下，非识虑高绝，能如是乎？古之人称有国有家者，其兴衰无不本于闺门，今于夫人益见古人之可信也。"

苏轼可以说完美地集中了父母的优点于一身，刚正不阿像父亲，宽厚仁慈则像母亲。那么他性格中天真豪迈的一面又是源自何处呢？这很可能是隔代遗传的功劳。

苏轼的祖父苏序堪称眉山乡间一个奇男子，豁达不羁，没有一点架子，苏洵说他"薄于为己而厚于为人，与人交，无贵贱皆得其欢心"。儿子苏洵早年一直游荡不学，他也听之任之，深信儿子总有一天会走上正道，不用太过操心。

他非常喜欢喝酒，常常和村民们蹲在村头豪饮，有次他正在田间和村夫们喝得大醉，儿子苏涣封官的文书以及官服、官帽等都到了，他随手将文书之类装进一个袋子里，吃剩下的几块牛肉则装进另一个袋子，叫童子挑着，自己翻身骑上一头毛驴，旁若无人地往城里去了。城中人都出来指点大笑，他随便人家围观，丝毫不以为意。

　　他乐于助人，在乡下有些田，全种水稻，还把家中储藏的米拿出去换稻谷，几年下来，家里储藏了三四千石稻谷，大家都不知道他的用意是什么。有一年闹饥荒，他就拿出自己的储藏，先给族人，然后给妻子娘家人，再给佃户和穷人，使他们都安全度过凶岁。谜底揭晓了，原来他以米易稻，是因为稻谷比米更耐储藏，这点可以看出他并不像外表看起来那么不精明，而是典型的大智若愚。

　　苏轼身上的乐观、侠义和孩子气，追溯起来都可以从苏序身上找到源头。尤其是那种酒中仙的做派，更是似足了十成十。他很喜爱这位祖父，特意为他写了行状，行文之生动趣致，尤在他为父母写的文章之上。

　　总体来说，苏轼是幸运的，因为他成长在一个非常温暖有爱、气氛宽松的家庭，幸福的童年，可以治愈一生，这点从他身上得到了充分的佐证。幼时获得的丰沛的爱，如同一束束阳光，照亮了他一生最初的底色。后来他不管遭遇何种挫折，一颗心始终光明磊落，而这颗光明之心，正是在苏家眉山老宅，在父母的爱护下滋养出来的。

与苏辙：夜雨对床空负约

熙宁九年的中秋夜，是一个注定要载入中国文学史的夜晚。

这一夜，任密州太守的东坡和朋友喝了一夜的酒，直至晨光熹微，这时他抬头看见那轮中秋月，它是那么圆满，月光普照下的尘世，却充满了缺憾。

人世处处是缺憾，最憾是今宵不能见子由。这一年，距离他们上一次相见，已经足足五年。

酒入离人肠，化成了这首《水调歌头》：

明月几时有？把酒问青天。不知天上宫阙，今夕是何年。我欲乘风归去，又恐琼楼玉宇，高处不胜寒。起舞弄清影，何似在人间。

转朱阁，低绮户，照无眠。不应有恨，何事长向别时圆？人有悲欢离合，月有阴晴圆缺，此事古难全。但愿人长久，千里共婵娟。

词前还有小序：

丙辰中秋，欢饮达旦，大醉，作此篇，兼怀子由。

说是说"兼怀子由"，恐怕子由才是触发他填写此词的源头，一首《水调歌头》，融入了两分月光，一分酒意，剩下七分都是对子由的思念。

往往为了子由，他会写出最好的诗来（林语堂语）。这首《水调歌头》更是其中的翘楚，历代写中秋的诗词多矣，胡仔说，东坡此词一出，余词皆废。

自从熙宁九年之后，照在中国人头顶的那轮明月，仿佛又多了一层蕴味。

这个月亮，从《诗经》中的"月出皎兮"里冉冉升起，在李白的"明月出天山""床前明月光"中大放光华，到东坡的"明月几时有"才臻至圆满。明月本是无情物，任你悲欢离合，只管播撒清光，东坡的一支笔，却让这轮冰清玉洁的月亮，多了一层人间情味。

从此以后，只要你是一个中国人，只要你读过这首《水调歌头》，不管你身在何处，当你抬头望月时，就会有十个字从心上流过：但愿人长久，千里共婵娟。即使和心爱的人分隔千里，你也不会感到孤寂，因为你知道，在千里之外，有人和你沐浴着同样的月光，那个人，也同样思念着你。

感谢东坡，让月光下的中国人不再孤单，因为我们共享的是同一轮明月，是被李白、苏东坡描摹过的月亮，是独属于我们中国人的月亮。

也感谢子由,因为子由,他才写出如此情真意切的词来。

不用怀疑,尽管东坡一生红粉众多,朋友无数,但子由才是他的真爱。

苏辙,字子由,东坡唯一的弟弟,至爱的手足。苏洵本来生了三个儿子,其中一个早早夭折了,只有东坡和苏辙幸运地长大了,对这仅存的弟弟,他格外珍惜,总是说"嗟予寡兄弟,四海一子由"。

东坡比子由大三岁,两人自幼一起长大,形影不离。父亲长期外出,他们就是彼此最好的玩伴和同学,子由从小就爱跟在东坡后面亦步亦趋,对这位兄长充满了崇敬,后来在为东坡写的墓志铭中说:"抚我则兄,诲我则师。"

兄弟俩都是个子高高的,子由尤其高,哥哥活泼热情,妙语如珠,弟弟谨慎低调,沉默寡言,一个秀外,一个慧中,性格差异是如此之大,却一点都不影响他们成为史上最有名的好兄弟。

历史上兄弟都有才名的不少,如晋时的陆机、陆云,唐朝的王维、王缙,但论感情之深厚,二苏可以说是前无古人、后无来者。

政治上,他们共同进退;生活上,他们互相照顾;写作上,他们彼此砥砺;精神上,他们互为知音。是战友,是家人,更是好朋友,不管是在现实生活还是精神世界里,他们都并肩作战、风雨同行。

二苏初入仕途时的起点很高。宋仁宗嘉祐二年,兄弟二人一举高中进士,要知道,他们的父亲三试不第,而他们兄弟俩却一鸣惊人,双双上榜,从此后,雏凤清于老凤声,一时名满天下。仁宗面试过兄弟俩之后,回到后宫很开心地对皇后说:"我今天为子孙谋得了两个宰相!"后来果如其言,兄弟俩都堪称栋梁,子由仕途更为顺利,曾官至拜相。

年少登科,何等风光,东坡后来在词中还曾回忆过这段岁月:"当时共客长安。似二陆初来俱少年。有笔头千字,胸中万卷,致君尧舜,此事何难。用舍由时,行藏在我,袖手何妨闲处看。"

他把自己和弟弟比作陆机、陆云,实际上彼时的他们,远比初赴洛阳的二陆还要少年得志,中举那年,东坡二十二岁,子由还只有十九岁,他们的名字,一下子被众口交赞,他们的诗文,一下子被万人传诵,他们从埋首寒窗无人问的眉山少年,迅速蜕变为一日看尽汴京花的京城才子,这是二苏生命中的第一个高光时刻,将一直闪耀在他们的记忆中。

嘉祐六年,东坡赴凤翔任判官,子由留在汴京侍奉父亲,这是兄弟俩人生中的第一次分别,子由送兄长一直远至郑州。在西门之外,两人依依道别,东坡赶紧登上山岗,目送着弟弟颀长的身影逐渐远去,头上戴着的乌帽时隐时现,一颗恋恋不舍的心,恨不得随着那匹瘦马而去:

不饮胡为醉兀兀,此心已逐归鞍发。
归人犹自念庭帏,今我何以慰寂寞。
登高回首坡垅隔,但见乌帽出复没。
苦寒念尔衣裘薄,独骑瘦马踏残月。
路人行歌居人乐,童仆怪我苦凄恻。

> 亦知人生要有别,但恐岁月去飘忽。
> 寒灯相对记畴昔,夜雨何时听萧瑟?
> 君知此意不可忘,慎勿苦爱高官职。
>
> ——《辛丑十一月十九日,既与子由别于郑州西门之外,马上赋诗一篇寄之》

这是"夜雨对床"第一次在东坡诗里出现,他们刚赴京城寄居于怀远驿时,一日夜半风雨大作,二人诵读韦应物的诗句"宁知风雪夜,复此对床眠"后感慨甚深,兄弟二人相约功成身退,共听潇潇夜雨。

这一夜的相约在二苏的心中永远铭刻,此后长达四十多年的岁月中,"功成身退,夜雨对床"之约无时无刻不萦绕在兄弟俩的心头,成为他们在官场浮沉半生的理想和慰藉。

可惜的是,一入宦途深似海,从此半点不由己,正如东坡在给子由的一首和诗中说到的:"人生到处知何似,应似飞鸿踏雪泥。泥上偶然留指爪,鸿飞那复计东西。"东坡一生常以鸿自寓,他这辈子,恰如飞鸿踏雪,四处流离,完全身不由己。

凤翔一别,拉开的只不过是离别的序幕,游宦生涯,让兄弟俩注定了聚少离多。对弟弟的思念,成了东坡诗词中的一大主旋律,一部《东坡全集》,随处可见"怀子由""和子由",有人统计,子由在他的诗文中,出现了二百多次。

为了能离弟弟近一点,原本在杭州任通判的东坡主动申请调到远不如江浙的密州,只因子由此时在济南为官,岂料那时交通不便,还是见不了面,在密州写下那首《水调歌头》时,他们已经多年不见。

一次次擦肩而过,一次次不得相聚,在许下"夜雨对床"之约三十余年后,东坡不无遗憾地写道:"孤负当年林下意,对床夜雨听萧瑟。恨此生,长向别离中,生华发。"

命运对这对兄弟实在不够友好,人生已是别离多,又不时履冰临险,历经生死考验。

乌台诗案期间,牢狱中的东坡以为自己这下非死不可,大难临头,他最牵念的还是弟弟,托狱卒将两首亲笔写的绝命诗留给子由,诗中说"是处青山可埋骨,他年夜雨独伤神。与君世世为兄弟,更结来生未了因",他以为今生今世,恐怕要辜负"夜雨对床"之约了,只好和苏辙相约来世再做兄弟,生生世世,不忍相负。

牢狱外的子由也急得团团转,顶着被杀头的危险向神宗上书,请求朝廷削去自身官职替兄赎罪,以保住哥哥一条命。"臣早失怙恃,惟兄轼一人,相须为命。……臣欲乞纳在身官,以赎兄轼,非敢望末减其罪,但得免下狱死为幸。"——《为兄轼下狱上书》

东坡出狱后,子由也被牵连贬去筠州做了个盐监的小吏。东坡为人豪爽大方,平时没什么积蓄,子由儿女众多,花起钱来小心谨慎。哥哥锋芒太盛,屡屡罹难,都是做弟弟的帮忙解决后顾之忧,东坡没钱了,是他出手接济,东坡出了事,是他出面营救,东坡被贬了,还是他一路奔波把嫂嫂侄子送往黄州。

《宋史·苏辙传》总结:"辙与兄进退出处,无不相同,患难之中,友爱弥笃,无少怨尤,近古罕见。"

作家赵允芳[①]说得好:"苏轼与苏辙的关系就像箭与弓,箭之离弦,离不开弓的隐忍内敛。唯弓弩收得愈紧,箭方能弹射得愈远。某种意义上,正是苏辙的内向收敛、隐忍坚韧,成就了苏轼穿越时空的锋芒与伟才。"

身为哥哥,东坡也从来没有忘记过为人兄长的责任。元祐年间兄弟俩东山再起,联袂入朝,算是苏氏兄弟在政坛上的第二次高光时刻,神宗年代他们还只是初露头角的新星,到了高太后执政的哲宗年代,已成长为当之无愧的国之栋梁。

东坡差一点就做到宰相的位置了,却主动要求外任,除了不愿意陷于党争之外,也有为弟弟让路的因素,苏辙明显比他更适合走仕途,官也越做越大,两兄弟如果都留在朝中做高官,更容易成为众矢之的,为了避嫌,他不惜申请外任,最大的牺牲倒不是官位,而是再一次错失了和弟弟朝夕相处的机会。

等到哲宗亲政后,迎接他们的又是一连串的贬谪。这对政坛双星没风光几年,就再一次沦为难兄难弟。可贵的是,越是艰难的时候,他们兄弟之间的情谊就越是亲密深厚。

台湾学者刘少雄多年来一直致力于研究苏词,对此他有一段非常独到的见解:"兄弟之情,在东坡心中,连系着一份理想、一种承担,是理性与热情的来源。"

"人间的情谊是东坡力量的重要来源,也是他面对挫败失意时

---

① 赵允芳:文学博士,高级编辑,著有《可惜风流总闲却:宋十家读札》。

不致颓倒的支柱，其中兄弟之情尤有和缓、互补、平衡、拉拔的作用。身为兄长，东坡自觉地意识：兄弟俩血脉相连，心灵相契，而他必须扮演积极指引的角色，不应任意消沉，让自己的负面情绪影响弟弟。因此，每当想起子由，一种刚健的意念、自我提升的力量不时就会自东坡心内萌生，展现在其文学作品时，往往就多了一种高朗峻拔的意境。"

历代研究者往往都将关注点放在子由对东坡的敬爱、劝诫和帮助上，刘少雄不愧是苏词研究专家，开创性地指出了东坡对子由的指引作用，而这，正是东坡的魅力所在。

千百年后，我们读东坡为子由写的诗文书信，都能感受到这种催人振拔的力量，如上文所说的《水调歌头》就是一例，而在"当时共客长安"那阕词里，他也没有一味沉浸在对往日高光时刻的追忆中，而是勉励弟弟"身长健，但优游卒岁，且斗尊前"，相当于古诗中常说的"努力加餐饭"，弟弟呀，你要保重身体，可别忘了，我们还有个约定呢。

东坡文名太高，以至于子由长期都生活在兄长的光环之下，东坡深为弟弟不平，在《答张文潜书》中评价兄弟："子由之文实胜仆，而世俗不知，乃以为不如；其为人深不愿人知之，其文如其为人，故汪洋澹泊，有一唱三叹之声，而其秀杰之气终不可没。"这也成了后来对子由文风的定论。

晚年时，东坡被贬到儋州，子由被贬到雷州，都是偏远蛮荒之地。兄弟俩特意相约结伴同行了一段时间，那时东坡痔疮发作，彻夜难眠，子由认为是他饮酒所致，便苦口婆心地劝他戒酒。

那时岭南的条件是十分艰苦的，兄弟俩刚碰面时，一路奔波饥肠辘辘，正好路边有个卖汤饼的摊子，就一人买了一碗吃，宋时的汤饼就是我们现在的面条，路边摊卖的汤饼实在是粗恶得难以下咽，子由强忍着吃了几口，就搁下筷子叹了口气，东坡却早已风卷残云地吃完了，大笑着对弟弟说："九三郎（子由小名），你还想细细品尝吗？"

这件事可以看出兄弟俩性格的不同，做哥哥的显然更长于变通，适应能力也更强。

临别前，子由联想到两人年事已高，这一去还不知能否相见，禁不住大为伤感，东坡却赠诗安慰他说，不要紧的，虽然我们分隔两地，至少还能够隔海相望。

苏氏兄弟本来都是高高胖胖的身材，被贬后由于缺药少食，很快消瘦了下来，东坡怕子由吃不消，就写诗给他开玩笑说，这下好了，我们都瘦得可以骑鹤成仙了。

岂料这一别，真的就是永别。

三年后，兄弟俩被徽宗赦免，子由先行一步，东坡落在后面，始终没有追上弟弟。子由在颍川买有田地，他们本来约好在那一起归老，完成兄弟之约，可后来东坡预感到政坛将有大变动，加上身体状况不好，最终还是去信给子由，说没有办法跟他偕老于颍川。

北归的路上，东坡偶染不适，最后竟酿成大疾，病逝于常州。他临终前自问这辈子问心无愧，唯一遗憾的是没能和子由见上最后一面："惟吾子由，自再贬及归，不及一见而诀，此痛难堪。"

"夜雨对床"的兄弟之约,只差一点点就要实现了,却终于还是落了空。

东坡留下遗言,让子由把他葬在嵩山下,并为他写墓志铭。子由得知噩耗,痛哭失声:"小子哪里忍心为兄长作铭!"

古人将墓志铭看得极为重要,因为这相当于一个人的盖棺论定。东坡交代让子由帮他写墓志铭,正是对弟弟的信任。

子由也没有辜负这份信任,他所写的《亡兄子瞻端明墓志铭》堪称一篇出色的东坡小传,和他以往汪洋淡泊的文风不同,这篇墓志铭充满了浓烈的感情。他还写了两篇祭文,其中《再祭亡兄端明文》写道:

惟我与兄,出处昔同,幼学无师,先君是从。游戏图书,寤寐其中,曰予二人,要如是终。

兄弟之情,流于笔下,让千载之下的读者看了仍不禁为之同声一哭。

次年,子由按照兄长遗言将其葬于河南的郏县西北小峨眉山下,并卖掉自己部分田产,将三个侄子接到身边共同生活。

东坡去世之后,徽宗终究还是追随父兄的脚步,亲信新党,在蔡京的怂恿下立下了党人碑,苏氏兄弟的名字都被刻在了碑上,著作被禁毁,子女不得在京为官,可这一次,东坡已矣,只剩下了子由一个人独自面对。

晚年的子由闭门不出,自称"颍滨遗老",几乎断绝了一切人际往来,将大量精力花在了整理东坡遗作上,有次他发现了曾经来往的旧文,悲痛中写下了"归去来兮,世无斯人谁与游"。

十年后,子由也追随哥哥而去,后人遵从遗嘱将他葬于东坡墓旁,在另一个世界里,他们终于实现了"宁知风雪夜,复此对床眠"的约定,彼此再也不会分开。

与苏过：多年父子成兄弟

　　老夫聊发少年狂，左牵黄，右擎苍，锦帽貂裘，千骑卷平冈。为报倾城随太守，亲射虎，看孙郎。

　　酒酣胸胆尚开张，鬓微霜，又何妨！持节云中，何日遣冯唐？会挽雕弓如满月，西北望，射天狼。

　　这首《江城子·密州出猎》写于苏轼在此地任知州时，词中的知州大人何等英姿勃发。但实际上，宋神宗熙宁八年，密州蝗灾爆发，任知州的苏轼忙于捕蝗，每天忙得焦头烂额，完全不复词里描写的那么潇洒。

　　一天他在外面忙完公事回到家里，又累又倦，只想倒头睡下。这时一只小手捏住了他的衣角，一个稚嫩的声音响起："父亲，陪我玩会儿嘛！"

　　苏轼疲倦之极，差点忍不住冲孩子发火，还好王闰之夫人及时地劝住了他。

　　这个天真的孩子，就是苏轼的小儿子苏过。那一年，他还只有三岁。苏轼那时还想不到，眼前这个不知愁的孩子，未来将陪他度过人生中最愁苦的岁月。

小儿子在北方民间有个昵称叫"老疙瘩",电视剧《人世间》中周家父母就一直托赖小儿子周秉昆照顾,而苏过,也将是苏轼暮年不可或缺的宝贝"老疙瘩"。

苏轼有四个儿子,四儿苏遁很小就夭折了,顺利长大成人的只剩下三个儿子。

大儿子苏迈是王弗所生,性格质朴勤恳,也有诗才,曾有诗云"叶随流水归何处,牛带寒鸦过别村",苏轼见了开玩笑说,这是村长官作的诗,后来苏迈果然成了一方干吏。另外两个儿子都是王闰之所出,二儿子苏迨自幼体弱多病,四岁才会走路,父母都比较偏疼他,不忍让他劳碌。三儿子苏过和父亲关系最密切,我们可以从他们的关系中,来了解一代文豪是如何做父亲的。

苏轼晚年辗转于惠州、海南等地,三个儿子都争着要随行侍奉,但苏轼不忍心让一大家子跟着自己漂泊,只让小儿子苏过跟在身边。如此一来,便成就了文艺史上有名的"小坡",也成就了一段众人称道的神仙父子情。

苏式家族一直是个非常和睦的大家庭,兄友弟恭,母慈子孝,到了苏轼这一代,更是进一步发扬了温暖、仁爱的家风。和父亲苏洵相比,他对儿子们显然要更慈爱、也更有人情味。

苏家的孩子,从小就"以父为师"。苏轼在这方面堪称名师,常和儿子们联句、作诗、下棋、论画、学书,苏过在三个儿子中最有天分,也是受他教诲最多的。

他曾教小儿子写物贵在传神,传形的诗只是劣诗:诗有写物之工,桑之未落,其叶沃若,他木殆不可以当此。林逋梅花诗:"疏影横斜水清浅,暗香浮动月黄昏。"黄昏,绝非桃李诗也。陆龟蒙白莲诗云:"还应有恨无人觉,月晓风清欲堕时。"绝非红莲诗。此乃写物之工。若石曼卿红梅诗:"认桃无绿叶,辨杏有青枝。"此至陋,盖村学中语。

苏轼读书有一诀窍,就是边读边抄,既可以练习书法,又能够加深记忆。在海南的时候,他把这个诀窍传给了小儿子,还特意写信给远方的程秀才,说:"儿子到此,抄得《唐书》一部,又借得《前汉》欲抄。若了此二书,便是穷儿暴富也。"

苏过继承了父亲的不二法宝,在抄书时书法大为进益,人称其书"古劲有父风",如今有三帖传世,均藏于台北故宫博物院。

绘画方面,苏过更是受益于父亲良多。苏轼堪称"文人画"的一代宗师,最擅长画枯木怪石,2018年,流失日本的《枯木怪石图》现身佳士得拍卖行,估价高达4.5亿港元。画中枝干虬曲,怪石皴硬,写尽了胸中的郁结之气。

苏过在画风方面和父亲一脉相承,尤其擅长画怪石丛藤,近代大画家黄宾虹称:"(苏轼)次子过,字叔党,善作怪石丛筱,咄咄逼东坡。世称叔党书画之胜,克肖其先人。又时出新意,作山水,远水多纹,依岩多屋木,皆人迹绝处,并以焦墨为之。此出奇之处,全关用意,有不觉其法之变有如此者。"这是说苏过擅长画怪石茂密的小竹林,世人称其书画的精美,几乎赶上了苏轼。

除了"美育"外,他也不忘对孩子们进行"德育"。

有一次,苏过念《南史》,父亲睡在床上听。读到一个段落时，苏轼便对儿子说道:"王僧虔家住建康禁中里马粪巷，子孙贤实谦和，当时人称誉马粪王家都是长厚的人。东汉赞论李固，有句话说:'视胡广、赵戒如粪土。'粪土本是秽物，但用在王僧虔家，便是佳号；用来比胡、赵，则粪土有时而不幸。"

苏轼颇为欣赏杜甫的诗"废学从儿懒"，对孩子的学业并不严格要求，而是采取引导式、鼓励式的教育。三个儿子在他眼里各有各的好，他夸大儿子苏迈官做得好，"长子迈作吏，颇有父风"，夸二儿子苏迨诗写得比孟郊和贾岛还要好，"有儿真骥子，一喷群马倒""君看押强韵，已胜郊与岛"，对于小儿子苏过，更是各种花式夸奖，除了当面夸，还不忘在给朋友的信里不遗余力地夸，夸他事事能干，"儿子过颇了事，寝食之余，百不知管，亦颇力学长进也"，夸他超然物外，"某到此八月，独与幼子一人，三庖者来。凡百不失所。某既缘此绝弃世故，身心俱安，而小儿亦遂超然物外，非此父不生此子也，呵呵"，夸他文章写得好，说他所写的《凌云赋》，有《离骚》的风味。

如今那些拼命鸡娃、总是揪住孩子缺点不放的虎爸虎妈们，真应该向苏轼学习下如何发掘孩子的闪光点。

说到如何教育孩子，《世说新语》中有个小故事，说谢安的妻子抱怨他平常总是不教诲孩子，谢安则答道:"我常自教儿。"意思是虽然对孩子并不耳提面命，却以自己的一言一行，为孩子提供借鉴和学习的榜样。苏轼和谢安一样，也是通过言传身教，润物细无声地教育孩子。

在苏过的身上，我们可以看到，榜样的作用有多大，他外号

"小坡",不仅在文艺方面继承了父亲的衣钵,在为人处世方面也紧跟父亲的步伐。

从惠州到海南,苏过随身侍奉了父亲七年,刚到惠州时,他还是个二十出头的小伙子,正是人生观逐渐成形的阶段,在父亲身边耳濡目染,也养成了淡泊名利、不求仕进的心态。

苏过为人堪称"纯孝",《宋史·苏轼传》附《苏过传》,传记中记录苏过尽心尽力照顾父亲:"凡生理昼夜寒暑所须者,一身百为,不知其难。"为了照顾父亲,他毅然将年轻的妻子和幼小的孩子留在惠州,自己孤身一人跟着父亲来到天涯海角的海南,那时朝云已逝,苏轼身边连个侍儿都没有,凡事都是苏过亲力亲为,一个人做百样事,苏轼寓居海岛的衣食住行都是他一手打点。苏过幼年时也算是锦衣玉食,此时却丝毫不以为苦,只求能为父亲解忧纾难。

晁说之后来为苏过写的墓志铭中称:"翁板则儿筑之,翁樵则儿薪之,翁赋诗著书则儿更端起拜之。"父亲砌墙他就递上筑板,父亲砍柴他就做成柴薪,父亲赋诗著书他就恭敬地拜读,为的只是让父亲获得片刻的欢乐。

海南三年,苏轼父子俩在物质生活上可以说是前所未有的苦,为了克服少衣缺食的窘境,这对父子齐心协力,出尽了法宝。

海南什么都缺,就是富产山芋,烤芋头吃多了难免乏味,苏过别出心裁,将山芋做成苏轼爱吃的羹,还美其名曰"玉糁羹",苏轼一尝之下大赞美味,即兴赋诗一首:"香似龙涎仍酽白,味如牛乳更全清。莫将南海金齑脍,轻比东坡玉糁羹。"史书上没有记载玉糁羹的做法，想来无非是将芋头切碎煮成羹，食材没有变，只是改良了烹饪方法，苏轼却夸它香似龙涎、味如牛奶，多半还是感念儿子的孝心。

有时候他们甚至穷得断粮，苏轼突发奇想，想起古籍里记载的"龟息法"，所谓龟息法，就是借助乌龟冬眠时的呼吸方法来补充和控制人的生命能量，其实也就是辟谷，用绝食来抵抗断粮之忧，苏过便忍受着饥饿跟着练习，配合父亲的异想天开。

父子俩的物质生活虽然困窘，精神生活却依然丰富。他们食芋饮水，惟以读书著作为乐。

海南四季如夏，长夏无事，苏轼便以教子为乐，有时候夏日他躺在床上，听到苏过琅琅的读书声，仿佛在重温幼年时苏洵在南轩教他们兄弟读书的一幕，现在他才知道，听儿辈读书，竟有如此乐趣。

在父亲的悉心指导下，苏过益发精进了，大家都说，苏家的三只老虎，以季虎最为出色。苏辙也评价说："吾兄远居海上，惟成就此儿能文也。"苏家的晚辈中，唯有他一人位列于"四苏"之中。

儿子如此长进，老父亲自然倍感欣慰，在海南，苏轼的"誉儿癖"更加严重了，对这位贴身侍奉的小儿子，几乎赞不绝口。他在给老朋友的信中说，过儿的文章写得新奇，每当读了他新写的文章，做父亲的就能高兴上好几天，吃得香也睡得甜。见了儿子所画的《枯木竹石图》，他开心得一口气题了三首诗，有句云："老可能为竹写真，小坡今与石传神。"老可即文与可，苏轼认为儿子的画能和老友文与可相提并论,"小坡"一名,正是出自此诗,后来成为了苏过最亮眼的美誉。

苏过最令父亲赞赏的,还是他那种超然物外的心态。在海南时他曾写作《志隐》一文,以客主问答的形式,揭示了将终老海南、不图仕进的主旨,其中有"功高则身危,名重则谤生"之句,还有"置身遐荒,逃生空谷"才是"天下之至乐"的论断。苏轼读后十分欣慰,简直觉得如同出自己手,忍不住感慨:"吾可以安于岛夷矣!"

在老父亲眼里,小儿子苏过不仅是他的拐杖,更是他的解忧散和清凉剂。这对父子的感情伴随着海南的天气一道升温,他们一起在桄榔树下盖房子,一起研究如何将粗劣的食物煮得更好吃,一起练龟息大法,一起为改善当地黎族人民的生活而奔走,一起读书著述、诗文唱和,有了彼此的陪伴,连炎炎热带也化为清凉之地。

他们还有了一个共同的偶像——陶渊明。

岭海时期,正是苏轼学陶、和陶的高峰期,苏过也跟着学陶以自适,他曾写过一首《次陶渊明正月五日游斜川韵》:"岁丰田野欢,客子亦少休。糟床有新注,何事不出游。春云翳薄日,磻石俯清流。心目两自闲,醉饯不惊鸥。茅蒋谁氏居,鸡鸣隔林丘。曳杖叩其门,恐是沮溺俦。但苦缺舌谈,尔汝不相酬。筑室当为邻,往来无惮不?澄江可寓目,长啸忘千忧。傥遂北海志,余事复何求。"他的"斜川之志",正是在父亲的和陶诗中、在海南的热风中熏陶出来的。

的确是非此父不能生此子,非此子不能承此父,岭海七年,赫然将苏过打造成了一个"小东坡"。

苏过的风范,对当地青年学子和黎族百姓产生了广泛影响。他用心侍奉老父而获"纯孝"之誉,协助父亲传播中原礼义、改易地方风俗,都使他在百姓心目中树立了良好形象。晁说之说:"当是时,叔党(苏过字)之风,使蛮蜑夷獠若可以语礼义。""蛮蜑夷獠"是古代对边远民族的称呼,也就是说,当年苏过的风范,使这些边远落后地区的百姓渐渐懂得礼义了。

弟弟苏辙家第四个孙子降生时,苏轼写《借前韵贺子由生第四孙斗老》一诗,诗中写道:"无官一身轻,有子万事足。"可以说正是夫子自道,他自感心满意足,还特意写了首得意扬扬的诗,说这种有子万事足的快乐连陶渊明也没有体会过,毕竟,陶渊明可是写过《责子》诗吐槽儿子的。

海南岛上,这种其乐融融的画风,不像传统的父子,倒像一对好朋友。中国传统的父子,相处之时总是太过严肃郑重,彼此之间都不够放松,而苏轼父子,则难得地处成了朋友。

现代作家汪曾祺写过一篇文章叫《多年父子成兄弟》。他在文中写道:我觉得一个现代化的、充满人情味的家庭,首先必须做到"没大没小"。父母叫人敬畏,儿女"笔管条直",最没有意思。

苏轼和苏过,就给人以多年父子成兄弟的感觉,在那个年代,他是少有的充满人情味的父亲,在儿子面前也保有一颗童心,正因如此,才能和儿子相处得如此融洽。

在海南岛上共度了三年后,苏轼获赦北还,不幸在北归的路上逝世,苏过兄弟三人都悲痛不已。为了帮父亲看守坟墓,苏过移家汝州，后来除孝之后，先后做过几任小官。但他最向往的还是啸傲林泉，所以特意在叔叔所住的颍川买了几亩水竹，命名为斜川，自号斜川居士，算是完成了父亲曾有的归隐梦，父亲去世多年，他仍然无改于父之道，这才是真正的"纯孝"。

后来苏过被任命为定州通判，在赶往定州的路上，他被一群贼人劫持，威胁他入伙，苏过凛然道："你们可听说过苏内翰之名？我是他的儿子，怎么可能和你们一起落草？"

当晚在贼营中通宵饮酒，一夜之间就暴卒了。他这一生，没沾到父亲什么光，倒是陪着父亲吃了不少苦头，但始终都将父亲看作他最大的骄傲和荣光。

可能是一生被聪明所误，苏轼对孩子的期待并不高。"惟愿孩儿愚且鲁，无灾无难到公卿"，做不做公卿倒无所谓，坎坷一生的他只希望孩子们能够健康平安。宋徽宗后来大力打击元祐党人，故去的苏轼首当其冲，受此牵累，他的三个儿子均功名不显，但都自甘淡泊，耕读传家，没有辜负父亲的期待。

第六章 关于爱情——修得一颗柔软心

对苏东坡这种天性不羁的人来说,最怕的就是束缚。尘世间已经无往而不在枷锁之中,可拥有了一个理想的家,就拥有了一小方可供休憩放松的自由空间。

与王弗：十年生死两茫茫

在没有自由恋爱的古代，婚姻基本都是父母之命、媒妁之言，正如林语堂在《苏东坡传》中所说："所有的婚姻，任凭怎么安排都是赌博，都是茫茫大海上的冒险。"

有的人赌输了，苏轼的姐姐八娘，十六岁嫁给了表哥程之才，婚后因不招舅姑和丈夫待见，嫁过去不到两年就郁郁而终了。

姐姐的猝然去世是否让苏轼对婚姻产生过恐惧？

他后来在《与刘宜翁使君书》里说过："轼龆龀好道，本不欲婚宦，为父兄所强，一落世网，不能自逭。"意思是他幼年时本来一心好道，不想结婚也不想当官，是在家里人的安排下，才勉强走了世俗这条路。

不管原因如何，似乎苏轼那时对婚姻没什么兴趣，甚至有点恐婚，有人因此编排出他躲进山里逃婚的故事。

苏轼十九岁那年，在父母的安排下，迎娶了十六岁的王弗为妻。这个成婚年龄，和姐姐、弟弟相比较大，苏辙娶亲时只有十七岁。

尽管婚前有些恐惧，结婚之后，苏轼和妻子感情却相当好。

"结发为夫妻,恩爱两不疑。"这句古诗,恰好是他第一段婚姻的最佳写照。

王弗是眉山青神人,乡贡进士王方之女,青神有个中岩书院,王方在此执教,传说苏轼曾求学于中岩书院,一天和同学们结伴游于书院丹岩之下,见一池碧水澄如明月,禁不住抚掌大叫:"好水岂能无鱼?"这时一群游鱼纷纷从洞穴里游了出来,苏轼十分高兴,于是将这个池子命名为唤鱼池。巧的是,此时待字闺中的王弗也派家中丫环送来了她拟的池名,赫然也是"唤鱼池"。

这个传说,估计和李清照在后花园里荡秋千,恰好遇到前来拜访的赵明诚,一样都出自后人的附会,也说明了在人们的印象里,苏轼与王弗,就跟李清照和赵明诚一样,都是佳偶天成。

事实上在那个年代,苏轼和王弗很可能在婚前连面都没有见过,他们是先婚后爱的典型。

据林语堂考证,苏轼在婚前有个初恋,正是他堂妹,并且终生难忘。但娶了王弗之后,夫妻之间也甚为融洽,苏轼这个人,最懂得"不如怜取眼前人"的道理,谁嫁了他都会幸福。

形容夫妻感情好,有个成语叫"相敬如宾",现代人可能觉得这样未免有点生分,可其实这是一种很高的境界,尤其是在古代那种男女极端不平等的时代,一对夫妻如果能够做到相敬如宾是很难的,只有彼此珍惜,互相认可,才能够真正相敬如宾。

苏轼和王弗,就是这样一对相敬如宾的夫妻,他对这位结发妻子,打心底里感到敬重。

在他的眼里,这位出身书香门第的妻子"敏而静、慧而谦",

她聪慧而安静，知性又低调。嫁到苏家后，她从来没有透露过自己知书达礼的一面，只是在夫君开卷读书的时候，常常守候在旁边，静静地听他吟诵，却不开口说一句话。可以想见，刚进门的王弗，还是有些羞怯的，令人想起李白《长干行》里那个"羞颜未尝开"的小娇妻。

这一幕，深藏在苏轼的记忆里，很多年以后想起来还宛如昨日，就像顾城诗里所写的那样："草在结它的种子，风在摇它的叶子，我们站着不说话，就十分美好。"

后来苏轼有天背书时忽然忘记了下一句，守在一旁的王弗脱口就说了出来，他欣喜不已，又和她探讨其他诗书，没想到她都大略读过，他这才知道，这位少言寡语的妻子原来饱读诗书，不知道这个时候的苏轼，是否有种捡到了宝的惊喜，婚姻这场赌博，他们算是赌赢了。

新婚不到两年，苏轼即和父亲、弟弟北上赴京参加科举考试，王弗则留在家中侍奉婆母、操持家务。那时程夫人的身体已经不大好了，留在眉山的一家老小，大多靠王弗照看。

苏轼沿途经过洛阳时，正是暮春时分，杨柳堆烟，春色阑珊，不禁勾起他对家中妻子无限的相思，凝结成了哀感缠绵的一阕《一斛珠》：

洛城春晚。垂杨乱掩红楼半。小池轻浪纹如篆。烛下花前，曾醉离歌宴。

自惜风流云雨散。关山有限情无限。待君重见寻芳伴。为说相思、目断西楼燕。

关山千里，却阻隔不断这绵绵无尽的思念。他多么希望，能够早日回到妻子的身边，踏青寻芳，一同迷醉在这无边的春色里。

这次分离仅仅只有一年，因程夫人病逝，苏轼父子还乡治丧，服母丧后再携王弗一起赴京，到了汴京后，她生下了长子苏迈，也是他们唯一的孩子。

从那以后，他们再也没有分开过，不管是待仕汴京，还是宦游凤翔，苏轼都把王弗母子带在身边。

苏轼到凤翔府任签判是第一次做官，由于年轻气盛，和顶头上司太守陈公弼相处得并不算愉快。他每次出外办事，回来后王弗都会非常详细地询问，并殷殷叮嘱他："你头一次离开父亲这么远，少了父亲的教诲，一定要事事谨慎。"

这个时候的王弗，已经从当年那个羞怯寡言的小娇妻，蜕变为夫君的幕后高参。

苏轼受母亲程夫人亲自教诲，而王弗正是他爱的女子中最像程夫人的一位。在妻子的身上，他常常能看到母亲的影子，在母亲去世之后，正是她代替程夫人，给予了他小母亲式的引导和温存。

在凤翔时，有一次苏轼见下雪时却有一块地方没有一点雪迹，有人告诉他很可能那是仙人藏宝的地方，他心生好奇，便想叫人来挖掘，看看里面究竟有何宝物，这时，王弗正色提醒他："您还记得母亲在世时不许发掘地下藏物的教诲吗？"苏轼听了后大为惭愧，打消了去掘宝的念头。

苏轼每次和朋友聚会交谈时，她总是站在屏风后面仔细倾听，以判断来客是否值得交往，一次有个客人和苏轼相谈甚欢，她却评价说："这个人说话首鼠两端，处处迎合你，你何必和这样的人交往？"

还有一次，有客人非常热络，她忙劝诫夫君："这个人和你的关系怕不能长久，与人结交很快相熟，翻起脸来也一定很快。"后来果然都如她所言。

苏轼为人豪迈不羁，不拘小节，这对于文学创作是件好事，对于安身立命却是件坏事，一不小心就有可能被人陷害，王弗的谨慎和识人之明，对他来说正好是一个有益的补充，不知不觉间，他已经把她当成了自己的守护神，有什么事都跟她商量，有了她的参谋，初入官场的他安然度过了最初的几年。

有句话叫"情深不寿，慧极必伤"，这句话不幸在王弗身上得到了印证。在她离世前一年，可能是预感到自己将不久于人世，于是不厌其烦地嘱咐了夫君很多为人处世的道理，等到她离开后，苏轼才后知后觉地发现她的良苦用心。

苏轼从凤翔还京那一年她就去世了，年仅二十七岁，儿子苏迈还只有七岁，他们的夫妻缘分，仅仅持续了短暂的十一年。

王弗去世后，整个苏家都陷入了哀伤之中，苏轼自然是哀痛之极，连苏洵也对失去了这位贤惠的儿媳备感痛惜，他嘱咐儿子说："你跟妻子识于微时，她跟着你备尝艰辛，你应该把她葬回到你母亲身边。"

不久后，苏洵也去世了。苏轼和苏辙一起将父亲和王弗的灵柩不远千里运回到眉州，葬于程夫人所处的坟山，为了寄托哀思，他还亲手种下了一棵棵雪松，据说有三万株之多。林语堂评价他此举是"好大喜功"，其实他只不过是害怕长眠于此地的妻子太孤单，那时他可能已经预感到，今后将宦游四海，只能让这些松树代替他，陪伴九泉之下的妻子。

他还亲手写下《亡妻王氏墓志铭》，在铭文中，不仅将她描述为一位贤妻，更是一位良朋和益友，这在当时女性的墓志铭中是罕见的。

在失去了王弗这位守护神之后，苏轼的人生也不再那么平稳顺利，当他屡遭坎坷的时候，不知道可否想起发妻屡屡的叮咛："子瞻，我不在你身边，你不可以像以前一样不谨慎呀。"

她陪在他身边的那十一年，正是他人生中最春风得意、扶摇直上的十一年，尽管也曾有过波折，但总体来说他一直在走上坡路，而她离开他之后的那十年，则是他在党争中失利，离开政治中心的十年，这十年里，开始初尝失意的滋味。

十年之后，任密州知州的他，还只有四十岁，按照现代人的眼光来看正是风华正茂，他却已经两鬓斑白、满心沧桑。

就在这一年，他做了一个梦，梦见了久未相见的她，她还跟初见时一样年轻秀丽，正在故乡的小轩窗下梳妆，见了他之后，什么话也没说，只是不停地流泪。

梦醒后，他写下了一首词，这就是那首《江城子·乙卯正月二十日夜记梦》：

十年生死两茫茫，不思量，自难忘。千里孤坟，无处话凄凉。纵使相逢应不识，尘满面，鬓如霜。

夜来幽梦忽还乡，小轩窗，正梳妆。相顾无言，惟有泪千行。料得年年肠断处，明月夜，短松冈。

悼亡是中国文人的一大传统，在苏轼之前，潘安、元稹、韦应物、李商隐等都写过非常动人的悼亡诗，可以词来悼亡，始自苏轼，因此此词被称为千古悼亡第一词。

即使后来又有人以词悼亡，仍然没有一首可以和这首《江城子》媲美。那么，这首词究竟好在何处？

一是好在寻常。全词没有一个生僻字，没有一处典故，也有人认为明月夜短松冈暗含牵挂幼子的女鬼这个典故，但即使不知道这个典故，也不影响对整首词的欣赏。晁补之评价秦观的词曾说"虽不识字人，亦知是天生好言语"，这首《江城子》也具有同样的魔力，就算是不识字的人，听人读了也会觉得是天生好言语。

二是好在深情。朴素的字句，寻常的表达，却蕴含着无限的深情。生死茫茫，相见无因，不思量，自难忘，无处话凄凉的不仅是独眠于地下的她，还有在这世上漂泊的他，十年的时光，早已改变了他的容颜，风尘满面，两鬓如霜，她如果见到当年的少年郎变成这样，是不是也会心疼？

拜伦曾经写过一首诗，大意是"假若他日相逢，事隔经年，我该如何向你致意？以沉默以眼泪"。这和"相顾无言，惟有泪千行"有异曲同工之妙，但后者更加凝练沉痛，达到了钟嵘评价《古诗十九首》所说的"惊心动魄,一字千金"那种效果。

这种无言之痛、无声之泪,更加感人至深,所以陈师道读了后称"有声当彻天,有泪当彻泉"。

一首《江城子》,写尽了苏轼对亡妻的怀念和牵挂,只有至情至性的人,才能写出这样至情至性的文字。

后来不管世事如何变迁,王弗始终是苏轼心头的那缕白月光,闪耀在他人生中的每一个灰暗时刻,不需要刻意想起,从来也不会忘记。

填词的人终有一天会老去,词里的人却永远停留在她最美的年华里,小轩窗,正梳妆,比初嫁给公瑾的小乔还要美。

与王闰之：生同衾，死同穴

苏轼和王弗结缡之后，常去青神王家游玩，王弗有位堂妹，在家族中排行二十七，那时候苏轼可能还没有想到，会和这个沉默温和的二十七娘结下那么深的缘分。

王弗去世三年之后，苏轼续娶二十七娘为妻，我们更熟悉她的另一个名字——王闰之。

这一年，苏轼年过三十不久，正是一个男人最好的年华，如果说他和王弗算是识于微时，那么他续弦时，已经名满京华，文坛盟主欧阳修将他看作接班人，天下士子都以和他结交为荣，连当时在位的天子宋神宗都对他青眼有加。

据说有一次，他问臣子："当今世上，谁可以和李白相比？"

臣下毫不犹豫地说出了苏轼的名字。

宋神宗却反驳说："李白虽有苏轼之才，却无苏轼之学。"

他认为苏轼还在李白之上。

宋朝人素以得一贵婿为荣，所以才有"榜下捉婿"的传统，发榜之日，富绅之家争相挑选登第士子为婿，出身寒门的士子也将此当成政治联姻的捷径。一个普通的进士都甚为抢手，像苏轼这种前途无量的大才子、大学者，哪怕是续弦，肯定也有很多达官贵人争着想将女儿嫁给他。

可苏轼最终续娶的，却是青神王家一个看上去平平无奇的姑娘，而且年龄还不小了。嫁给他那一年，王闰之已经二十一岁了，按照宋时习俗，女子出嫁大多在十四至二十岁之间，二十一岁还待字闺中，按照那时的标准来说是个不折不扣的老姑娘了。

苏轼为何会选择和王闰之结婚？

很有可能是王弗的遗愿和王家人共同的心愿。王弗去世时，苏迈才七岁，做母亲的，肯定是希望能有一个可靠的继母照顾孩子，而这个继母的人选和自己是同一个家族的话，待儿子好的可能性自然也大些。王家上下都很喜爱苏轼，也希望能够继续和他联姻。

苏轼对岳家和王弗的感情都很深，所以才愿意娶一个来自青神王家的姑娘，而不是选择某位贵人的女儿，这样，至少能慰藉九泉之下的亡妻，让她在明月夜短松冈不至于夜夜断肠。从他后来为闰之夫人写的祭文里可知，大约是在王弗去世一年之内，他就与王家约定了婚事，而选择闰之，是因为一众堂姐妹里，她最贤淑。事实证明，他的选择是正确的。

姐妹同嫁一人的，史上不乏先例。娥皇女英和舜帝，大小周后和李煜，都是亲姐妹同嫁一人。据说大周后病重时，李煜就和小周后暗通款曲了，大周后因此含恨至死。

王闰之的情况不太一样，她是在堂姐王弗去世三年后，才嫁入苏家的，进门时，这位二十一岁的姑娘，身上肩负着整个家族沉甸甸的希望，这段婚姻，从一开始就注定是不轻松的。

还好闰之没有辜负这份期望，才做人妻，便为人母，居然完成得很不错。她对苏迈视如己出，之后生了两个儿子，仍然没有变化，苏轼对这点无比欣慰，最感激的就是她对三个儿子都一视同仁，称赞她"三子如一，爱出于天"。

闰之生于庆历八年闰正月初五，这个名字很可能是苏轼替她取的，那个时代的女人，能够拥有名字的并不多，闰之在出嫁之前，也只是被家人依排行称为二十七娘。

苏轼娶的三个女人，却都有名有姓，闰之和朝云还有字，闰之字季璋，可见在小家庭中是排行第四。在替她们写的墓志铭和祭文里，他也并不避讳提及她们的姓名，才使她们不至于像其他被湮没在历史中的女人一样被统称为"某氏"，而是以独一无二的名字流传了下来，苏轼这种尊重女性的现代意识，在同时代男性身上是极为少见的，也正因为这种超越时代的现代性，才让他能够在现代女性中也拥有为数众多的拥趸。

在苏轼为人所知的三个女人中，王闰之可能是存在感最低的一位，她没有王弗那么慧眼如炬，也不像朝云那样明媚可人，以至于有人质疑，说苏轼对她的感情十分平淡，甚至在诗文里也很少提及她。事实恐怕并非如此。

除了悼亡之外，古代男性的诗文中的确很难见到"妻子"的出现，他们诗词中的女性，大多是青楼佳人、红粉知己。值得一提的是，苏轼的笔下，虽然也未能免俗地频频提及歌女舞姬，但也难得地出现了妻子的身影。

且看这些：

腊日不归对妻孥，名寻道人实自娱。——《腊日游孤山访惠勤惠思二僧》

可怜吹帽狂司马，空对亲春老孟光。——《明日重九，亦以病不赴述古会，再用前韵》

我欲嗔小儿，老妻劝儿痴。儿痴君更甚，不乐愁何为。——《小儿》

子还可责同元亮，妻却差贤胜敬通。——《次韵和王巩六首·其五》

在脍炙人口的《后赤壁赋》里，也提到了妻子，一听丈夫和客人说没有酒喝，立即去找了藏酒出来，可以说是贤妻的标杆了：

二客从予过黄泥之坂。霜露既降，木叶尽脱，人影在地，仰见明月，顾而乐之，行歌相答。已而叹曰："有客无酒，有酒无肴，月白风清，如此良夜何！"客曰："今者薄暮，举网得鱼，巨口细鳞，状如松江之鲈。顾安所得酒乎？"归而谋诸妇。妇曰："我有斗酒，藏之久矣，以待子不时之需。"于是携酒与鱼，复游于赤壁之下。

闰之比苏轼小十一岁，可在苏轼的诗中，却常被称为"老妻"，令人想起，另一位诗人杜甫也是经常这样称呼他的妻子的。所谓老妻，并不是指年龄有多老，而是指陪伴岁月之久，老妻二字，透着种家常的亲切和随意。

闰之也许并不夺目，可她陪伴苏轼长达二十五年，陪他从风华正茂到渐近暮年，陪他一起经历高低浮沉，陪他走过密州、徐州、湖州、黄州、汝州、常州、登州、开封、杭州、颍州、扬州等地，以她水滴石穿的柔情和朝夕相处的陪伴，成为他生命中不可或缺的妻子，如同南方人喜欢栽在门前的桃花，那么寻常可见，却又无可替代。

续弦不比原配，人总是喜欢对比，而很多时候，对比就是伤害的来源。比如清代著名的词人纳兰容若，在续娶之后，就写了无数的诗词来吐槽续室不如发妻。幸好闰之嫁的人不是容若，而是苏轼，都是绝顶聪明的诗人，可苏轼比容若多了份不如怜取眼前人的智慧。

苏轼这个人，特别懂得欣赏每个人身上不同的闪光点，他懂得爱重王弗的才干，也懂得赞叹闰之的贤惠。闰之也许不是"最才的女"，但对于他来说，就是"最贤的妻"。苏家现在已经是一个庞大的大家庭了，除了多添了两个儿子之外，苏轼大伯父苏澹的长孙遗孀及两个侄孙，也都一度由他们抚养，要照顾这么一大家子，还要经常接待丈夫那一堆朋友，作为主妇来说肩上的担子是很重的，闰之却把家务事料理得井井有条，从未让夫君为此操心。

所以他把她比作孟光，历史上有名的贤妻，认为尽管儿子可能还不能尽如人意，妻子却无可挑剔，所以才写诗大赞"妻却差贤胜敬通"，敬通是东汉大鸿胪冯衍的字，苏轼在诗前还写了小序，说冯衍娶了个特别悍妒的妻子，在这一点上他显然要比冯衍幸运得多。

对于悍妇，苏轼好像有点反感，他的朋友陈慥（字季常）就娶了一个极为悍妒的女人，此女姓柳，每当陈季常宴请宾客请来歌女陪酒时，她就用木棍敲打墙壁，并且破口大骂。苏轼专门写了一首诗笑季常："龙丘居士（指季常）亦可怜，谈空说有夜不眠。忽闻河东狮子吼，拄杖落手心茫然。"河东狮吼的典故即出于此，从此成为了悍妇的代名词。

还好东坡居士的家中没有河东狮也没有胭脂虎，闰之夫人性情安分随和，给予了他极大的自由和包容，对于苏轼这种天性不羁的人来说，最怕的就是束缚。尘世间已经无往而不在枷锁之中，拥有了一个理想的家，才能拥有一小方可供休憩放松的自由空间。

后世有人将王闰之描绘成不通文墨的村姑，这未免太小看了她。青神王家也算是书香门第，闰之虽不像堂姐王弗那样冰雪聪明，但也称得上兰心蕙质。苏轼和她，还是可以进行精神层面的对话的。

在一个春天的夜晚，皎洁的月光静静地洒在梅花的疏枝上，在空庭中铺下半院花影，平时少言寡语的王闰之忽然感叹说："春月色胜于秋月色，秋月令人惨凄，春月令人和悦。何不邀几个朋友来，饮此花下？"

她兴许不是诗人，可身上却流淌着诗意，所以才说得出如此富有诗情的话来。苏轼听了后对她刮目相看，称赞道："我一直不知道原来你会写诗，这话真是地地道道诗的语言。"

他欣然听从了夫人的建议，请了朋友赵德麟来月下共酌，并且翻用夫人的话，写了下面这阕《减字木兰花·春月》：

> 二月十五夜，与赵德麟小酌聚星堂
> 　春庭月午，摇荡香醪光欲舞。
> 　步转回廊，半落梅花婉娩香。
> 　轻云薄雾，总是少年行乐处。
> 　不似秋光，只与离人照断肠。

苏轼到密州做太守时，正逢蝗灾，百事缠身，生活也很清苦，有一天焦头烂额地从外面忙活回来，小儿子苏过见到他就拉着他的衣襟哭闹撒娇，他正烦得很，忍不住冲小儿子发了脾气，王闰之见状就劝慰他说："你怎么比小孩子还不懂事呢？生活本就不开心了，何不找点乐子呢？我给你弄点酒吧。"说着又和《后赤壁赋》里所写的那样，拿出了珍藏的美酒，为夫君倒上了一杯。苏轼感怀不已，专门写了一首诗《小儿》，将此情此景写进了诗中：

> 　小儿不识愁，起坐牵我衣。
> 　我欲嗔小儿，老妻劝儿痴。
> 　儿痴君更甚，不乐愁何为。
> 　还坐愧此言，洗盏当我前。
> 　大胜刘伶妇，区区为酒钱。

刘伶是魏晋时有名的酒鬼，妻子为了劝他戒酒绞尽了脑汁，闰之却不一样，反而劝夫君喝酒，因为她了解夫君，知道他绝不至于像刘伶那样贪杯狂醉。

苏轼和闰之是真正的患难夫妻，两人一起携手走过他人生中最跌宕起伏的时期。元丰二年，"乌台诗案"事发时，苏轼在湖州被逮，事出突然，一家人惊怖欲死，闰之和儿子们哭着送他出门。苏轼在惊吓之余，居然和妻子开玩笑说："你就不能像杨朴的妻子那样写首诗送给我吗？"

杨朴是宋真宗时的隐士，一心只想隐居不愿做官，有次真宗召他入朝，问他会写诗吗，他摇头说不会，又问他临行时可有人赠诗，他随口答道："只有妻子写了首诗送给我：更休落魄贪杯酒，且莫猖狂爱咏诗。今日捉将官里去，这回断送老头皮。"真宗听了大笑，就赐他还山了。

就快要断送老头皮了还不忘开玩笑，说明苏轼实在是天性诙谐乐观，他用这个典故，也是为了缓解下惊恐的气氛，宽慰下忧惧的妻子。

闰之再害怕，也被他逗得笑了。

苏轼入狱的导火索是写诗，闰之担心他的诗文中还会被人找到把柄，于是一把火将家中的诗稿给烧了。后世苏轼的粉丝为此对她诟病不已，认为闰之不能真正理解苏轼的价值，更觉得苏轼从此对她有了芥蒂。

这真是太小瞧了苏轼，他怎么会不清楚，妻子这样做，正是为了保护自己，在狱中时，他最牵挂的，除了弟弟，就是妻子了，在写给弟弟的诗中，也不忘提到"眼中犀角真吾子，身后牛衣愧老妻"。对这位同甘共苦的妻子，他是愧疚的，因为他知道，妻子跟着他受了太多的苦，担了太多的心。初嫁过来的小娇妻，如今已成为他相濡以沫的老妻，他们血脉相连，荣辱与共，已经融为了一体。

苏轼被贬黄州后，是她陪他躬耕东坡，共度忧患。她用她实际的生存智慧，和夫君的诗人天性互为补充。一次他们养的牛生了重病，兽医无法判断是什么病，闰之却一眼看了出来，说是发了豆斑疮，要喂点青蒿粥，照她的方法一试，牛果然好了。苏轼得意于夫人的能干，还特意将此事写在了给朋友章惇的信里。

要说能屈能伸，这对夫妻还真是志同道合，不过一个更外露，一个更内敛。苏轼能拥有这种心境可能还得益于后天的修养，而闰之则是出之于天性，夫君飞黄腾达时，她从不喜颜于色，夫君沉沦潦倒时，她也不忧形于色。连苏辙都称赞她与生俱来的宠辱不惊，不是其他人通过学习能够达到的。

自乌台诗案之后，苏轼最渴望的就是能够携妻子、弟弟一起回归故园，闰之肯定也有同样的心愿。可惜天不遂人愿，在陪伴夫君二十五年之后，闰之因病逝世于汴京。

梧桐半死清霜后，头白鸳鸯失伴飞。

苏轼伤心之至，亲手写下了《祭亡妻同安郡君文》，与为王弗及朝云写的祭文相比，这篇祭文要长得多，内容也要丰富得多："我曰归哉，行返丘园。曾不少须，弃我而先。孰迎我门，孰馈我田？已矣奈何！泪尽目干。旅殡国门，我实少恩。惟有同穴，尚蹈此言。呜呼哀哉！"

从那个时候，他就已经立下了誓言，一定要和闰之生同衾、死同穴,这样才能报答她的恩情。八年之后,苏轼在常州逝世,苏辙将他与闰之合葬,实现了兄长的遗愿。值得一提的是,苏辙对这位嫂子相当敬重,先后为她写过两篇祭文,文中对她的人品评价很高。

苏轼和闰之的这一段婚姻,总是被称为平淡。可是或许,平平淡淡才是婚姻的真谛,唯有静水才能流深,才能抵挡和消解掉生活中的惊心动魄,人们只看到那平静的水面,却看不到水面下的波澜,以及藏于其中的那一脉深情。

与王朝云：嫁得才人胜帝王

在没有见识过杭州西湖春雨如酒柳如烟的美景前，我先领略过惠州西湖的曼妙风光。那是一个春夜，月亮从湖畔山顶冉冉升起，长堤上垂柳拂岸，将一个波光粼粼的湖切成两面圆镜，春水澄鲜，倒映着一轮圆月，俨然就是苏轼笔下"一更山吐月，玉塔卧微澜"的夜景再现。

后来去了杭州西湖，才发现惠州西湖俨然就是前者的翻版，都有苏堤、孤山，处处都留下了苏大才子的印记，只是杭州西湖面积要大得多。与杭州西湖的大气相比，惠州西湖的长处在于清秀，就像长眠在惠州西湖之畔的朝云一样，虽然只是个小家碧玉，却一样秀美无双，所以才会在生前身后受到那么多人的喜爱。朝云生于杭州，死于惠州，有人说她"想必前生是西子，死生占住两西湖"，天地仿佛把西湖的灵秀之气，都赋予在她身上了。

不过有一点，朝云比西子也就是西施还要走运，传说中西施痴恋范蠡，却被情人设计送给了吴王夫差，而朝云所嫁的这个男人，却远比范蠡要情深意重。

苏轼这一生，仿佛注定和王姓女子有缘，所娶的两任妻子都姓王,唯一一个和他生儿育女的侍妾朝云也姓王。

苏轼这个人,并不大好女色,所以他的恩师欧阳修、弟子秦少游都是一堆风流韵事,而说起他来,人们所想到的也只有一个王朝云而已。

他比朝云大二十五岁,他们相遇时,他已经是名满天下的大学者、大才子,而她,还只是个十二岁的小丫头,一点都不起眼。

关于他们的相识,有很多故事都说他们是在酒筵歌席上认识的,把苏轼描摹成一位救风尘的侠士,还精心描绘朝云的歌喉是多么婉转,舞姿是多么翩跹,所以苏轼对她一见钟情。这未免想象力太丰富了,那时朝云年龄还太小,苏轼不太可能对这么一个年岁尚幼的小女孩青眼有加。

更靠谱的一种说法是,朝云是十二岁被王闰之夫人买入苏家的,那时官员府上流行蓄养歌伎,闰之夫人买来朝云的用意可能就在此。宋朝官员生活奢靡,不少官员府中都养着许多歌伎,像晏殊等人就是。苏轼相对来说较为简朴,府上仅有家伎数名,朝云就是其中之一。一开始,她并不惹人注目,只是个普通的侍女。直到苏轼被贬黄州后,在征求了闰之夫人的意见之后,甚至极有可能是在闰之夫人的撮合下,才纳了朝云为侍妾。这一年,朝云刚刚十八岁。

虽然苏轼未必是拯救朝云于风尘之中的那位侠士,但他对这些歌姬舞女,确实是抱着同时代人难得的爱惜尊重之心,传说中在杭州时他遇到了一位名妓琴操,正是在他的点化下,琴操才幡然醒悟,出家为尼。

不管朝云的出身如何,她在进入苏家之后,必定是受到了苏大才子的点拨和培养,才从一个平平无奇的小丫头,蜕变成人们心目中的一代佳人。

他懂得欣赏她的美。在三位王姓女子中，苏轼为朝云写的诗词最多。他说她"素面常嫌粉涴，洗妆不褪唇红"，雪白的皮肤连脂粉也嫌脏，花瓣似的嘴唇泛着自然的粉红，生就一副好模样，又夸她"玉骨那愁瘴雾，冰姿自有仙风"，苏轼眼里的朝云，美在气质，美在神韵，正是个不染半点凡尘的仙子形象，恰好符合他"冰肌玉骨，自清凉无汗"的审美理想。

他喜欢的长相，不是浓艳型的，而是清雅型的，苏词中的女性，总是清丽绝俗、不染半点风尘，完全不像《花间词》里的歌姬舞女那么香艳性感。

他教她读书识字。朝云刚进苏家时，连字也不认识几个，是在苏轼身边耳濡目染，才开始接触诗书，加上她天资聪颖，很快就粗通文墨了。朝云聪慧好学，苏轼说她"敏而好义"，终生都保持着学习的兴趣和热情，后来的她，是以多才多艺著称的，懂诗词，会书法，通禅修，这些都是受东坡的影响。

他带她交际应酬。苏轼在和门人弟子以及朋友们举行诗宴酒会时，常常会让朝云参加，近朱者赤，久而久之，朝云身上的艺术气息也越来越浓厚，得到了苏轼亲友圈的广泛认可与赞美。秦观就专门写过一首《南歌子》来送给朝云：

霭霭迷春态，溶溶媚晓光。不应容易下巫阳。只恐翰林前世、是襄王。

暂为清歌驻，还因暮雨忙。瞥然飞去断人肠。空使兰台公子、赋高唐。

词里把朝云比作巫山神女,将苏轼比成襄王。用现在的观点来看,敢填词公然说"师母"如何妩媚动人,未免有点不敬,但秦观不管这些,他只是折服于朝云之美,忍不住赞扬一番。

秦观是苏轼最看重的学生。由此可知,朝云已经赢得了苏门中人的普遍认同,在苏轼的引领下,她不知不觉已跻身于大宋最出色的"朋友圈",与熠熠群星互相辉映。

他对于她来说,不仅是夫君,也是精神上的导师。古代女子的世界大多是狭小的,他却引领她进入到一个更加开阔、丰富的世界之中,将诗意和文艺带入到她的生命里。

在这种环境中长大的朝云能歌善舞、多才多艺,她会唱苏轼填的词,会跟他一起参禅谈禅,懂得和他一道品评书画,吟风赏月。对苏轼来说,朝云不仅是他温柔的侍妾,还是他添香的红袖。

宋以后的文人画中,出现了大量以苏轼和朝云为素材的人物画,在一幅幅不同的画里,他们或同抚琴瑟,或共赏茗香,或品评人物山水,或鉴别金石鼎彝,可能是人们普遍认为,在艺术的层面上,三个王姓女子中唯有朝云和东坡最是投契。人们乐此不疲地谈论他们、怀念他们甚至效仿他们,苏轼和王朝云,成了才子佳人的最佳范本,甚至没有之一。几乎所有男性文人都喜欢王朝云,因为她满足了文人们对于红袖添香的所有幻想。

大家都羡慕东坡先生好福气,有这么一位红颜知己,却忘了朝云实际上是在苏家成长起来的,《红楼梦》中说贾母会调理人,把丫头们调理得水葱似的，套用此话，朝云也可以说是苏轼一手"调理"出来的。如果说她是一块璞玉，那么他就是伟大的琢玉师，是在他的用心雕琢下，她才焕发出生命的异彩。

更难得的是，他给予了她那个时代难得的尊重。古代的姬妾地位相当于一项财物，可以被任意遣卖，再得宠的姬妾，在主人心目中也只是一件无足轻重的小玩意。苏轼却把朝云当成朋友甚至知己，他平常不大习惯和女人们厮混，却唯独喜欢和朝云说说笑笑，他们之间，是可以平等对话的。

苏轼骨子里是个老顽童，说话喜欢打机锋，也爱和人开玩笑，而他的两位王姓妻子，性格都较为庄重，只有在爱说爱笑的朝云面前，他才可以毫不掩饰地展露自己这方面的天性。

有一天，苏轼退朝回来，吃完饭，捧着肚子一边慢慢踱步，一边问家中的侍女："你们说这肚子里面装着什么？"

一个侍女马上答道："一肚子都是文章。"

苏轼连连摇头。

另一个侍女则说："一肚子都是智慧。"

苏轼还是摇头。

这时候朝云则回答说："学士一肚皮不合时宜。"

苏轼捧腹大笑，连连称只有朝云才是他的知己。

唐玄宗曾经称杨玉环是他的解语花，那么朝云也是苏轼的解语花。她可不是那种古板无趣的木头美人，而是明快活泼、善解人意。只有她接得住他抛出来的"梗"，这不仅仅是因为她机灵，更因为她深知在夫君和光同尘的外表下，深藏着力排众议的血性和宁折不弯的风骨，这一肚皮不合时宜，是东坡一生颠沛流离的症结所在，为此他吃尽了苦头，却依然无怨无悔，不合时宜四个字里有自嘲，也有一份隐隐的骄傲，而她，读懂了他的坚持，也骄傲着他的骄傲。她不仅爱他，还懂他，这份懂得对于一个男人来说，可能比什么都珍贵。

元丰六年，朝云在黄州生下一个男孩，苏轼为他取名为苏遁。"遁"取自《易经》中的第三十七卦"遁"，爻辞中说："嘉遁，贞吉"，寓意着对孩子的美好祝愿。苏轼对这个最小的儿子特别钟爱，说他长得很像自己，眉眼尤其像。

孩子满月时，做父亲的联想到自己聪明反被聪明误的经历，写下了一首著名的诗：

人皆养子望聪明，我被聪明误一生。
惟愿孩儿愚且鲁，无灾无难到公卿。

遗憾的是，遁儿并没有如父亲所愿无灾无难到公卿，元丰七年，苏轼被任命为汝州团练副使，当他携眷乘船赴任时，小小的遁儿中暑身亡，不到一岁。年老丧子的苏轼悲痛欲绝，写下了一首很长的悼子诗，诗中甚至认为幼子之死，可能是受到了自己的牵累，虽然悲不自禁，他还是会体贴地想到，朝云比自己还要悲伤，"我泪犹可拭，日远当日忘。母哭不可闻，欲与汝俱亡。故衣尚悬架，涨乳已流床"。

鲁迅说，人类的悲哀并不相通。只有最亲近的人，才会忧戚与共，遁儿的夭折，让他们承担着共同的悲哀，心和心之间的距离也更近了。

幼儿夭逝之后，朝云更是把全部的爱都倾注在夫君身上。

苏轼被贬惠州时，身边的姬妾都先后离开了苏家，只有朝云毅然万里相随，以柔弱之身，跟随他跋山涉水，来到那南蛮之地。

苏轼在她心目中，是宛如天神一般的存在，苏轼说她侍奉自己二十三年，始终"忠敬若一"，待他是极为忠诚尊敬的。

苏东坡感叹作诗：

> 不似杨枝别乐天，恰如通德伴伶元；
> 阿奴络秀不同老，天女维摩总解禅。
> 经卷药炉新活计，舞衫歌板旧姻缘；
> 丹成逐我三山去，不作巫山云雨仙。

诗前有小序：

> 予家有数妾，四五年间相继辞去，独朝云随予南迁，因读乐天诗，戏作此赠之。

乐天是白居易的号，当他年老体衰时，被他称为"樱桃樊素口"的美妾樊素最终离他而去。比较起来，苏轼是多么幸运，有朝云始终如一、不离不弃。

他们之间的爱情，萌发于杭州，拔节于黄州，直到惠州，才变得根深叶茂，长成了参天大树。

惠州，在那个时代被看作穷山恶水之地，对于苏轼和朝云来说,却是他们相伴的最后一个桃花源。这个时候,闰之夫人已逝,朝云成了苏轼身边唯一的女人,远离了政治旋涡,远离了亲朋好友,某种程度上,他们只有彼此了。

很显然,朝云在苏轼生命中的分量开始变得前所未有的重。有了朝云无微不至的照顾和陪伴,岭南的恶劣环境才显得不那么可怕。她轻倩的笑声、机智的妙语成了他贬谪生活中最绚烂的那抹亮色,此时的朝云,已经年过三十,在苏轼的眼里,却仍像初见时那么美。在她生日时,他特地请来几家熟人为朝云庆贺,并亲自作《王氏生日致语口号》,表达对朝云的深情,这种文字,一般只在非常隆重的场合才使用。

他们的感情,已经超越了世俗的男女情欲,走向了精神相契的柏拉图境界。此时的苏轼,因为体衰多病,开始禁欲,与朝云分房而睡。他在诗词里将朝云比作"天女维摩",称誉她不染凡尘。朝云自遁儿夭折后,更加潜心学佛,他们常在一起参禅谈道,苏轼认为朝云颇具灵性,"天女维摩总解禅"。

苏轼和朝云之间,一天比一天知心。有一次,她为他唱那首《蝶恋花》:

花褪残红青杏小,燕子飞时,绿水人家绕。枝上柳绵吹又少,天涯何处无芳草?

墙里秋千墙外道,墙外行人,墙里佳人笑。笑渐不闻声渐悄,多情却被无情恼。

当唱到"枝上柳绵吹又少"时，突然失声痛哭，苏轼问她为什么，朝云回答："我不能唱完的，是天涯何处无芳草那句。"

这时她虽然还只有三十出头，却已经跟着苏轼经历了常人难以想象的高低起伏，容颜虽未老去，心境早已历经沧桑。她为何痛哭？

可能是为光阴的流逝而伤感，也有可能是为了夫君流落天涯而悲哀。

苏轼岂不知朝云对自己遭遇的同情和不平？但豁达如他，怕朝云伤心过度，连忙开玩笑安慰她说："我正悲秋，你又开始伤春了！"

朝云的身体，却一天比一天坏下去。惠州的环境和饮食，一点点摧毁了她的健康，最后，一场瘟疫夺走了她年轻的生命，临终前，朝云拉着苏轼的手，口诵《金刚经》中的偈语：

一切有为法，如梦幻泡影，

如露亦如电，应作如是观。

然后安然而逝，年仅三十四岁。

在生命的最后关头，她还试图用佛法安慰夫君，一切都如梦幻泡影般转瞬即逝，你千万不必因为我的离去而伤心。

苏轼懂得朝云的心，他把她葬在栖禅寺松林中东南直大圣塔，墓旁种满梅花，并亲手为她写下墓志铭，铭文曰：浮屠是瞻，伽蓝是依。如汝宿心，唯佛是归。

后来栖禅寺的和尚为纪念朝云，在其墓上筑六如亭，亭上有一副楹联：不合时宜，惟有朝云能识我；独弹古调，每逢暮雨倍思卿。传说是苏轼所撰，也有可能是后人杜撰，但恰好说明了他们之间的关系，苏轼的确是把她看成人生中的灵魂伴侣的，他们在相濡以沫之外，还多了一份相知相惜。

朝云葬后第三天，突起暴风狂雨，次日早晨，苏轼带着小儿子苏过前去探墓，发现墓东南侧有五个巨人脚印。于是苏轼再设道场，为朝云祭奠，并写下了《惠州荐朝云疏》：

轼以罪责，迁于炎荒。有侍妾王朝云，一生辛勤，万里随从。……而既葬三日，风雨之余，灵迹五踪，道路皆见。是知佛慈之广大，不择众生之细微。敢荐丹诚，躬修法会。伏愿山中一草一木，皆被佛光；今夜少香少花，遍周法界。湖山安吉，坟墓永坚……

他对她天天的思念化成了夜夜的幻梦，常常梦见朝云回来看望他，每次都衣衫尽湿，他问她为什么，她回答说："夜夜渡湖回家所致。"

醒来后，苏轼大为不忍，倡议集资在西湖中修起一道长堤，并带头把自己身上所佩戴的犀带捐了出来，这就是惠州西湖中苏堤的由来。除了苏堤，还有朝云像、六如亭，西湖的多处景点，都无言地诉说着他对她的思念。

过了两个月，岭南的梅花开了，曾伴随他月下摘梅花的佳人却不在了，年近花甲的苏轼十分伤感，写下了一首《西江月》：

玉骨那愁瘴雾，冰姿自有仙风。

海仙时遣探芳丛，倒挂绿毛幺凤。

> 素面常嫌粉涴，洗妆不褪唇红。
> 高情已逐晓云空，不与梨花同梦。

梅花早开早谢，不与梨花同时。朝云就是开在他生命中的那一树梅花，过早地凋谢了。

在她去世后八年，他又写了《悼朝云》诗悼念她，中间有一句说"伤心一念偿前债，弹指三生断后缘"，他对她终究是有些愧疚的，觉得她跟着自己吃尽了苦头，在他看来，她可能是来还前世欠他的债，她这辈子过得太辛苦了，所以他不愿意再和她再续三生缘，想让她来生轻松一点。

朝云这辈子跟着苏轼颠沛流离，确实吃过不少苦，但她又是幸运的，因为她遇到的是一个世上少有的男人，爱她怜她，还懂她敬她，他配得上她全部的深情。

明末清初的何绛就写过一首诗《朝云墓》说：

> 试上山头奠桂浆，朝云艳骨有余香。
> 宋朝陵墓俱零落，嫁得才人胜帝王！

好一个"嫁得才人胜帝王"。因为他，世人才永远记住了她，芳魂虽杳，余香仍在。

自朝云逝后，苏轼再也没有听过那首《蝶恋花》，那是朝云曾经为他唱过的，他怕自己一听，也会像她当年那样泪下如雨。

第七章 关于友谊——修得一颗慷慨心

"恰似饮茶甘苦杂,不如食蜜中边甜"。茶与蜜是苏轼对两类朋友的形容。茶是圈子里的朋友,虽平日相处愉快,但遇到问题时,关系难免苦涩;蜜是交心朋友,彼此没有利益纠缠,天性相投,灵魂交契。

与欧阳修:文坛盟主薪火相传

东坡七八岁时,刚开始入天庆观北极院的私塾读书。

有一次,一位先生从京师来,对范仲淹、欧阳修这些人的文学及品行大加赞赏,小东坡听了,就好奇地问:"你说的这些人是什么人?"

先生不屑地说:"童子何用知之!"

没想到小东坡用稚嫩的声音反驳道:"此天人也耶,则不敢知;若亦人耳,何为其不可?"显露出了不凡的志向和卓异的见识。

先生听了后大为惊叹,于是向弟子们详细介绍了一番欧阳修等人。

这是东坡第一次听到欧阳修的名字,那时候他还不知道,他将和这位被先生无比崇敬的人结下那么深的渊源。

欧阳修何许人也?

武林中有盟主的称谓,文坛亦有盟主,欧阳修,就是当时公认的文坛盟主。

欧阳修四岁丧父,因为家贫,母亲用芦苇秆在沙地上教他认字,一时传为"画荻教子"的美谈。

没有书读,他就从村人家借阅,日夜苦读,手不释卷,他后来的少白头、老花眼等早衰症状,很有可能是因为年少时太过刻苦。不过苦读很快有了回报,他二十几岁时就崭露头角,诗、词、文都冠绝一时,"修文一出,天下士皆向慕""主天下文章之盟者三十年"。

他是纵情山水的醉翁,是名满天下的文豪,更是慧眼识珠的伯乐。欧阳修最喜提携后辈,有千古伯乐的美名,唐宋八大家中,有五人是布衣时被他称誉而享誉天下的,连名臣包拯、司马光等都是被他举荐的。而在这些"千里马"之中,最能继承他衣钵的就是东坡。

东坡少年时初学文章作法,苏洵就常以欧阳修的文章为范例,教导他如何作文。那时欧阳修推崇简洁平易的文风,最恨佶屈艰涩的"太学体"。他做科举主考官时,一看到险怪奇涩之文便大笔划掉,一律不予录取。当时太学里名气最大的刘几参加考试,欧阳修一看到有份试卷上写着"天地轧,万物茁,圣人发",就知道这看似古奥实则绕口的卷子肯定是刘几写的,于是便按照他的韵脚续道"秀才剌,试官刷",表示不会录取,在太学生中掀起了一片骂声,他仍然我行我素,不予理睬。

东坡父子三人上京应举时,苏洵特意携子去拜访了欧阳修,欧阳修读了苏老泉精选的一批文章,大为赏识,赞他才学在当代实属难得,并给仁宗皇帝写了一封《荐布衣苏洵状》。与此同时,还将苏洵的文章给同朝为官的宰相韩琦、副相富弼等人看。

欧阳修和老苏之间的交往只是前奏，他和大苏（东坡）的情谊才是主旋律。嘉祐二年，东坡和弟弟苏辙一起应举，主考官正是礼部侍郎欧阳修，由此开启了一段千古师生情。

这天，欧阳修打开了试卷，见到一篇叫《刑赏忠厚之至论》的文章，其文风之晓畅、立论之高明令他耳目一新，他本想将这篇文章列为第一，但转念一想，这么好的文章，怕是只有弟子曾巩写得出，因为担心别人说他有私心，于是将这篇文章定为了第二。

结果第一名便宜了一个叫章衡的人，他现在早就被人遗忘了，第二名的名字永远地流传了下来——苏轼。

很多人因此将东坡称为榜眼，实际上这场考试只是四场考试中的"论"，也就是说，东坡只是在这一场考试中位居第二，整体排名比较靠后，只列在乙科，有人考察出，这次录取的进士共三百八十八人，他大概位列第四等，排在一百名左右。

甲科前三分别是状元章衡，榜眼窦卞，探花罗恺，当然，他们的名字很快湮没无闻，对比起来，那些排名没这么靠前的名字倒是如雷贯耳，文学家有曾巩、苏辙、曾布（曾巩弟弟），思想家有程颢、张载，政治家有吕惠卿、章惇、王韶、林希等，有九人做过宰职。

嘉祐二年，贡举录取的进士真是群星荟萃，被称为"千古第一龙虎榜"，其中最耀眼的当然还是东坡。虽然进士考试中他排名不怎么样，但在嘉祐六年的制科考试中，苏氏兄弟双双脱颖而出，苏辙入了第四等，东坡更牛，直接入了第三等。

宋朝的制科考试其实就是贡举的加试，难度要高于科举，是古代含金量最高的公务员选拔考试，制科共分五等，其中第一等和第二等都是虚设，并不真正录取人，有宋以来，只有一个叫吴育的人入了第三等，而且第三等还分为三等和三等次，吴育是三等次，而东坡是三等，为宋朝开国一百年来的开山第一人。

在制科考试中"入三等"是非常非常难的，纵观两宋三百多年历史，一共出了一百一十八个状元，却只有四人"入三等"，除了吴育和苏轼，其余二人为范百禄、孔文仲。东坡虽不是传统所说的"榜眼"，他这个制科第三等的含金量，却比状元还要高。

贡举考试还算"平平无奇"，到了制科考试中却力拔头筹，这是因为在过去的三年内，东坡本人也完成了从平平无奇到大放异彩的蜕变，其中，离不开欧阳修的提携和揄扬。

礼部考试结束后，考取者照例要拜师。自隋唐科举制度兴起以后，在中国文人圈里就形成了一种特殊的"师生关系"，被录取的考生将主考官奉为恩师。东坡中举后，也手持门生帖去拜会欧阳修，欧阳修一见他，就急切地询问："你文中提到，当尧之时，皋陶为士，将杀人。皋陶曰杀之三，尧曰宥之三。这个典故出自哪里？"

没想到苏东坡的回答却是"想当然"。他说："曹操灭袁绍后，将袁熙之妻赐给曹丕，孔融于一旁嘲讽道：'当年武王伐纣，将妲己许与周公。'曹操大吃一惊，问从何处所见此典。孔融答之：'以今日之事观之，意其如此。'皋陶这事儿，以此推之。"

真是初生牛犊不怕虎，二十出头的东坡，坦然回答这典故就是自己瞎编的，但于书无典，于理当有，既然当年孔融做过类似的推断,那么我也能如此推论。

这事要是遇到程颐那样的迂夫子,可能会当场呵斥,永不复用。可欧阳修听了后,不但不骂,还对他的胆色大加赞赏,夸他:"此人可谓善读书,善用书,他日文章必独步天下。"

欧阳修很欣赏东坡的诗文,在给梅尧臣的书信中说道:"读轼书,不觉汗出。快哉!快哉!老夫当避路,放他出一头地也。可喜!可喜!"出人头地的成语就是从这来的。身为成名已久的前浪,面对汹涌而至的后浪,有些人嫉贤妒能,生恐对方取而代之,千方百计压制,欧阳修却毫无私心,为找到了接班人而欣喜若狂,宁愿自己腾出位置来,好让年轻人出人头地。

当时的欧阳修,在文坛上具有"点石成金"的魔力,再籍籍无名的人,只要一经他品题,就会身价百倍。

不仅如此,他还将东坡兄弟介绍给当时的名相韩琦、富弼、文彦博等人,可以说,是他一手将东坡这个眉山小青年带入了当时最核心的士大夫社交圈。三苏之名经过他的褒扬,很快就名动京师。尤其是苏洵,一辈子都视欧阳修为知音伯乐,两人私交甚笃,数年后苏洵去世,欧阳修亲自为他写了祭文,并赠银两百两吊祭。

制科考试那次,也是欧阳修推荐苏氏兄弟应"贤良方正能直言极谏"科,在《举苏轼应制科状》中,他热情洋溢地推荐说:"臣伏见新授河南府福昌县主簿苏轼,学问通博,资识明敏,文采烂然……其行业修饬,名声甚远。臣今保举。"

得知二苏应举,名相韩琦也说:"二苏在此,其他闲杂人等也敢与之较量吗?"有欧、韩二公为之背书,很多学子压根不敢跟二苏争胜，一听说闻风而去了，苏氏兄弟这场制举考试可以说是不战而屈人之兵。

欧阳修夸起人来真是不遗余力，又跟儿子说："三十年后，没有人会记得我，只会记得苏轼了。"这倒是过虑了，东坡虽是北宋文坛最闪耀的北斗星，但老师欧阳修就好比启明星，他们之间彼此辉映，互相成就。

欧阳修当时属意的文坛盟主其实有三位，除了东坡外，他还曾先后属意过曾巩和王安石，论才学，曾巩虽名列唐宋八大家，比起苏王二人来还是略逊风骚。王安石之才，本不在东坡之下，但他无意于文学，一心想开天辟地。

欧阳修曾写诗赠给王安石："翰林风月三千首，吏部文章二百年。老去自怜心尚在，后来谁与子争先。"俨然有将盟主一位相托之意。

王安石却回诗说：欲传道义心犹在，强学文章力已穷。委婉地表示了谢绝。

熙宁四年，六十五岁的欧阳修告老还乡。同一年，东坡自请外放为杭州通判。与弟弟苏辙一起去颍州看望恩师欧阳修，三人相聚了二十余日，为博恩师一笑，已经不太年轻的东坡还插花起舞，祝祷先生健康长寿。

就在这次见面时，欧阳修让他接过了盟主之位，"公（欧阳修）为拊掌，欢笑改容。此我辈人，余子莫群。我老将休，付子斯文。"

这是欧阳修和东坡兄弟最后一次见面。

第二年，欧阳修因病去世，谥号文忠。

和王安石不一样的是，东坡欣然接受了老师托付的盟主重任，后来的人生中，不管他如何浮沉，都以担负文脉的传承为己任。事实证明，欧阳修的选择没有错，只有东坡，唯有东坡，才能挑得起这副担子，且将文坛盟主的影响力进一步发扬光大。

后世说欧苏，大多着眼于欧阳修对东坡的主动提携之上，却鲜少有人论及东坡对欧阳修的自觉继承。如果在东坡的朋友圈中选一个对他影响最大的人，只能是欧阳修，甚至超过了苏洵。或者可以说，与苏洵相比，欧阳修才更像是东坡精神上的父亲。

这对师生年龄虽相差三十岁，相似点却如此之多，比如，他们都是年少成名，老来失意，都活了六十六岁，死后的谥号都是文忠，都和西湖有不解之缘，只不过老师再三咏叹的是颍州西湖，学生最爱的则是杭州西湖。

东坡受教于欧阳修门下十六年，完美地继承了他的衣钵：

政治上，他和恩师共进退，都是熙宁年间的失意者，都因反对新法而被逐出政治中心。

文风上，他接过了古文运动的大棒，完成了欧阳修毕生追求的古文革新，欧文如江，苏文似海，但都平易晓畅、言之有物，当年欧阳修的《醉翁亭记》一出，一时洛阳纸贵，很多人慕名而来都跑去滁州一游，看看欧阳修醉的地方，后来东坡在凤翔作《喜雨亭记》，在密州作《超然台记》，都俨然可以看到恩师的遗风。

人生态度上，他和老师也高度相似。苏家父子三人，老苏和小苏都沉默寡言、不苟言笑，独有大苏是个另类，我一直很好奇，他身上那种洒脱的心态和浪漫的气质到底像谁？后来才发现，除了天性之外，很有可能是受欧阳修的影响。

欧阳修长得不好看，年纪轻轻就齿豁发白，外放回京老得让仁宗见了都掉眼泪，但却相当有审美情趣。他爱花，走到哪都要种花，自云"修要花开到永远"，专门撰有《洛阳牡丹记》，爱酒，自号"醉翁"，酒量貌似很好，号称"文章太守，挥毫万字，一饮千钟"，爱呼朋唤友，有人统计过，他一生中组织的文会记载下来的就多达三十四次，爱开玩笑，晚年号"六一居士"，即藏书一万卷、金石遗文一千卷、琴一张、棋一局、酒一壶，有人问还缺一个一呀，他笑眯眯地指着自己说："加上我这一个老头，在这五种物品中间老去，这难道不是'六一'了吗？"

欧阳修性格旷达，很年轻的时候，就自号"达老"，为他作传的崔铭称他是"达者"。他体弱多病，屡遭贬谪，却始终乐天知命，一部欧词，十有八九是用欢乐的歌唱来抵御生命的悲风：

纵使花时常病酒，也是风流。（《浪淘沙》）
白发戴花君莫笑，六么催拍盏频传。（《浣溪沙》）
直须看尽洛城花，始共春风容易别。（《玉楼春》）
好酒能消光景，春风不染髭须。为公一醉花前倒，红袖莫来扶。（《圣无忧》）

晚年他致仕居颍，写下了一组《采桑子》，简直是回荡在颍州西湖之间的一组绝妙组歌，全无半点垂暮之人的颓唐之气。不管命运如何颠沛流离，他始终坚信春风有信，花开有情，始终热爱着这并不完美的人间，"曾是洛阳花下客，野芳虽晚不须嗟"，看过洛阳花开的人生，和从来没有看过洛阳花开的人生是不一样的，欧阳修式的风流，是独属于大宋的绝世风流。

东坡对恩师充满了倾慕，高度评价他"论大道似韩愈，论事似陆贽，记事似司马迁，诗赋似李白"，除了在文风上学习恩师之外，在诗酒风流与旷达乐观方面，他也处处步武恩师，除了酒量比不上之外，其他方面堪称青出于蓝。

东坡对欧阳修的追慕维持了终生，当代的东坡迷弟迷妹们，喜欢去追随他的脚步，而东坡生前，每到一处，只要和恩师相关，都会亲自前往缅怀，他和恩师的儿子们也相从甚密，后来他还为次子苏迨求娶欧阳修的孙女，正式结为儿女亲家。正如他当时在《祭欧阳文忠公文》所写："清颍洋洋，东注于淮，我怀先生，岂有涯哉！"

1079年，东坡三过扬州平山堂下，此时欧阳修已经去世八年了，可平山堂的墙壁上，仍有他龙飞凤舞的字迹，扬州的歌女们，还唱着他留下的诗词，东坡触景生情，便写下这首词纪念恩师，而此词也成为历史上尊师重道的典范：

三过平山堂下，半生弹指声中。十年不见老仙翁，壁上龙蛇飞动。

欲吊文章太守，仍歌杨柳春风。休言万事转头空，未转头时皆梦。

1089年，东坡二度到杭州为官。他初至杭州时，欧阳修曾介绍他去拜会名僧惠勤，两人结为好友。此番再上孤山，名僧惠勤也早已作古。惠勤的弟子将欧阳修与惠勤二人的画像，挂在厅堂里祭拜。而且还告诉东坡一件颇有灵性的事，说就在这挂有两人画像的房屋后面，前几个月突然冒出了一眼清泉，像是刻意在欢迎东坡再次到杭州为官。

东坡便用欧阳修的"六一"名号，将此泉命名为"六一泉"，同时欣然写下了《六一泉铭并序》：

"公，天人也。人见其暂寓人间，而不知其乘云驭风，历五岳而跨沧海也。此邦之人，以公不一来为恨。公麾斥八极，何所不至，虽江山之胜，莫适为主，而奇丽秀绝之气，常为能文者用，故吾以谓西湖盖公几案间一物耳。"勤语虽幻怪，而理有实然者。明年，公薨，予哭于勤舍……

遥想数十年前，他还是个黄发童子，听到老师推崇欧阳修，忍不住出声质疑说：他难道是天人吗？数十年后，亲自见识过欧阳修的风采，先生在他心目中，确实已成了天际真人般的存在。

1091年，东坡来到颍州做知州，为欧阳修写了一首词：

霜余已失长淮阔，空听潺潺清颍咽。佳人犹唱醉翁词，四十三年如电抹。

草头秋露流珠滑,三五盈盈还二八。与余同是识翁人,惟有西湖波底月。

1100年,宋徽宗继位,东坡终于被允许从海南岛回来了。归途上,他还在怀念欧阳修,若先生在世,聆此喜讯,该有多么开怀:

我怀汝阴六一老,眉宇秀发如春峦。
羽衣鹤氅古仙伯,岌岌两柱扶霜纨。

一年后,东坡去世,在南宋孝宗时被追封为"文忠公",和他的欧阳先生一样。

与苏门学士：大宋最耀眼的朋友圈

宋哲宗元祐二年秋，正是汴京最好的时节，天高云淡，空气中流淌着三秋桂子的香气。

汴京城北，驸马王诜宅邸的后花园中，流水潺湲，风摇竹影，炉烟方袅，草木自馨，时不时响起两三声古雅的琴音、一两曲铿锵的琵琶。

一场文人雅集正在此举行，园中人或挥毫泼墨，或赏画观书，或抚琴阅卷，或题石参禅，无不悠然自得，深具林下风味，人间清旷之乐，莫过于此。

这就是北宋最有名的一次文人聚会，因举办地点在王诜家的西园，因此被称为西园雅集。

这是一场堪与兰亭集会相提并论的雅会，若论参与的人数之多、名头之响，可能还要压兰亭集会一头。

西园雅集共有十六人参加，分别是东坡（苏轼），王晋卿（王诜），蔡天启（蔡肇），李端叔（李之仪），苏子由（苏辙），黄鲁直（黄庭坚），李伯时（李公麟），晁无咎（晁补之），张文潜（张耒），郑靖老，秦少游（秦观），陈碧虚（陈太初），米元章（米芾），王仲至，圆通大师，刘巨济，"一时巨公伟人悉在焉"。

与会者之一李公麟是北宋大画家，曾屡次为东坡写真，托赖他的妙笔，将西园雅集在纸上固定了下来，大画家兼大书法家米芾则写了图记，将这16人所在位置全数记载在内，画作采用白描手法，云物草木花竹皆妙绝动人，人物更是栩栩如生，各肖其形，属于难得的传神写照佳作。

李公麟的原画已佚，但仿作众多，之后的名家仇英、张大千等人都摹写过此画。

展开此画，最备受瞩目的当然是此次聚会的主角——东坡。

三年前，他还在黄州垦荒，如今却扶摇直上，聚会前刚刚升任翰林学士，醉心于和朋友诗酒唱和、宴会应酬。画中的他道袍翩翩，头戴乌帽，在身旁好友们的注视中微微躬身，提笔欲书。

值得一提的是，后世常为人津津乐道的苏门四学士也粉墨登场，其中团巾茧衣，手中拿着一把蕉扇的是黄庭坚，身穿青衣、抚肩而立的是晁补之，跪而捉石观画的是张耒，他俩正一同欣赏着李公麟作画，而在一棵古柏之下，袖手侧听陈太初拨阮的，正是秦观。

苏门四学士，难得地全部齐聚一堂。

李公麟的画笔所记载下的，正是北宋群星闪耀时。如果那时有朋友圈，那么当天西园中汇聚的，肯定是北宋最耀眼的朋友圈，上至皇帝，下至百姓，谁见了都要点赞的。

据王水照分析，宋代文人有强烈的结盟思想，当时有三大派别，一派以钱惟演为首，一派以欧阳修为首，还有一派则以东坡为首。

和其他两大派别不一样的是，能打入东坡核心朋友圈的，都是一等一的文学家、艺术家，如参加西园聚会的众人，地位有高有低，身份有僧有俗，唯一的共同点就是都醉心艺术且才华横溢。才华在苏门集团是唯一且最高的通行证，东坡收纳门生，不论尊卑贵贱，只看才华高低，比如王诜和米芾，一个贵为驸马，一个只是布衣，但都是冠绝一时的画家，王诜所作《烟江叠嶂图》，后来为宋徽宗深深激赏，成为传世名作，至今还被珍藏在上海博物馆里。

和先生欧阳修一样，东坡也同样爱才若渴，门生弟子众多，有苏门前四学士，分别是黄庭坚、秦观、张耒、晁补之，后四学士，分别是李格非、廖正一、李禧、董荣，又有苏门六君子之称，是在前四学士之外再加上陈师道、李廌。整个北宋最有才华的人，几乎都被网罗门下。

东坡一生几经浮沉，官做得也不算顶大，他虽被称为"蜀党"领袖，事实上这些门生却来自五湖四海，核心人物没一个是四川人，东坡身为一代文宗的绝世才华和无与伦比的人格魅力，如同磁石一般将众多才子学士吸纳门下，他们自愿像众星拱卫一样聚集在这颗北宋最耀眼的北斗星之下。

自被欧阳修托付重任后，东坡一直身负着文坛盟主的使命感，致力于奖掖后进，挖掘人才。

清代叶燮说他："苏轼于黄庭坚、秦观、张耒等人，皆爱之如己，所以好之者无不至。"

跟他的老师欧阳修一样，东坡也是夸起人来不要命，李廌当年一文不名，东坡读了他的文章认为"笔墨翻澜，有飞沙走石之势"，夸他有"万人敌"之才。后来李廌应举，恰好东坡知贡举，读到一篇文章拍案叫绝，对黄庭坚说："这一定是咱们李廌的文章！"于是录为第一，不料所取的却是章惇的儿子章援，李廌榜上无名。

东坡自责不已，引为终身遗憾，后来在生活上对李廌多加照顾，多次赠银赠物，有一次还将朝廷恩赐的一匹宝马送给爱徒，考虑到李廌哪天或许会穷得要卖马，他特意写了一张措辞婉转的马券，方便李廌卖马的同时，又充分保护了爱徒的自尊心。

身为文坛盟主，自然要积极组织和参与各类文学活动，东坡可以说是这方面的超级爱好者。汴京数年，他和弟子们经常在一起切磋诗文，宴会雅集，当时哲宗亲赐他一种叫作密云龙的名贵茶叶，一饼数金，苏家的人都知道，只有四学士登门的时候（后来又加上廖正一），东坡才舍得拿出密云龙来招待，师生共品清茗，讨论文学，享受这难得的相聚时光。

可惜好景不长，东坡大部分时间，都和学生们天各一方，即便如此，他还是千方百计发起文学活动。

古时已有"同题作文"，指围绕着同一个主题展开创作，东坡在密州时，修建了一座亭台，弟弟苏辙命名为超然台，围绕着这座台子，他就发起了一次大规模的同题作文，苏辙、张耒等人都有《超然台赋》传世；在徐州时，他治水成功后建了黄楼，同样广发英雄帖，邀请大家一起作赋，这一次参与活动的有苏辙、秦观、张耒等人；他晚年热爱陶渊明，又一次邀请大家追和《归去来兮辞》，参与者多达十几人，苏门四学士除了黄庭坚外，都有和作流传了下来。

东坡不仅是一个出色的文学活动组织者，更是一个优秀的文体革新家、文艺鉴赏家和文学批评家，他常常和弟子在集会时、书信中探讨文艺，他的文人画、书法、诗词创作等方面的理论影响深远，引领了整个文坛乃至艺术界的风尚，被蒋勋称为"平淡天真"的宋代美学，至东坡才正式成型，如同杜甫承上启下的地位，他同样是宋代文艺中的集大成者，但李白、杜甫生前都不是文坛领袖，东坡却集两者于一体，既是当今世上最顶尖的高手，又是最有影响力的盟主。

为了文脉传续，东坡也一直在挑继承人，他对弟子们说，只有真名士当这盟主才能使文道不坠。

"方今太平之世，文士辈出，要使一时之文有所宗主。昔欧阳文忠常以是任付与某，故不敢不勉。异时文章盟主责在诸君，亦如文忠之付授也。"

下一个接过重任的，是黄庭坚。

黄庭坚，字鲁直，只比东坡小九岁，诗、书、文皆冠绝一时，因此东坡不敢等闲视之，一直和他维持着亦师亦友的关系。两人算是多年"笔友"，东坡读了他的诗文后"耸然异之，以为非今世之人也"，连声赞道："此人如精金美玉，不即人而人即之，将逃名而不可得。"

东坡对门生是很宽松的，师生之间常常说笑，他和黄庭坚同是北宋书法四大家之一，但有时也拿对方的书法开玩笑，黄庭坚的字瘦长，东坡就笑他的字如"树梢挂蛇"，黄庭坚不服，就反唇相讥，说东坡的字就像"石压蛤蟆"，又肥又扁。

黄庭坚作诗，讲究炼字，崇尚苦吟，讲究"点铁成金、夺胎换骨"，经东坡的大力推崇之后，他的名声更胜以往，开创了江西诗派，是宋代影响最大的诗歌流派，也是个宗师级的人物，但他的影响力仅限于诗坛，后来江西诗派中的一些诗人过分沉迷于用生僻典故和字词，有堕于魔道之嫌。所以论影响力，黄庭坚还是略逊于先生东坡，可能是一个时代容不下两个巨人，老师东坡既然已成文坛宗师，学生黄庭坚只能剑走偏锋。

但东坡最喜爱、也是最寄予厚望的学生是秦观——秦少游，这已经获得了大家的公认，民间还流传有"苏小妹三难秦少游"的故事，说秦少游娶了东坡的小妹，这个苏小妹当然是子虚乌有，可也显示出他们不同寻常的亲密。

秦少游是江苏高邮人，在后世话本小说中一直以风流才子的形象出现，但少游绝非杜牧、小晏那种不知人间疾苦的风流才子，他真的称得上一生困顿，十五岁父亲就去世了，家境日益拮据，穷得经常举家食粥，参加科举又两次落第，除了一身才气，可以说是一无所有。

少游对东坡仰慕已久，模仿东坡书法到了可以假乱真的地步，东坡曾见到一面墙上有自己的笔迹，后来才知道是少游模仿他写下的。少游多次投书给东坡，称"我独不愿万户侯，惟愿一识苏徐州"。

那时东坡正在徐州修建了黄楼，少游作了篇《黄楼赋》，东坡读了后顿时被惊艳到了，连连称赞他：雄辞杂今古，中有屈、宋姿。

少游当即来访，在徐州举办了隆重的拜师典礼，当天，少游仪态雍容，论说雄辩，令人为之侧目，东坡则称赞他为"杰出之士"，一举奠定了风流才子的美名。

东坡爱重少游，当然是因为他有才。少游和老师一样，都是宋词中的绝顶高手，师兄晁补之赞叹说，即使是不识字的人，也知道少游的词是天生好言语。少游词风清丽凄婉，论本色当行，时人认为少游词尤在东坡词之上。

少游曾有一首名作，起首就是"山抹微云、天连衰草"，此词一出，坊间纷纷传唱，连他的女婿范温也引以为豪，自称为"山抹微云女婿"，东坡也深爱其词，戏称他为"山抹微云君"。

值得注意的是，少游不仅是词中圣手，也写得一手好策论，东坡在一封《答秦太虚》信中，称赞秦观"所示论兵及盗贼等数篇，但似此得数十首，皆卓然有可用之实者"，还劝他多写此类文章。

少游举进士不得时，东坡见到所发解试榜文中，竟然没有他的名字，便给他写信抱不平："然见解榜，不见太虚名字，甚惋叹也。此不足为太虚损益，但吊有司之不幸尔。"安慰他没有中榜是考官有眼无珠，不必难过，切切要自爱。

东坡逢人就夸少游，去金陵拜会王安石时，自身还前途未卜，就惦记着托王安石为少游延誉，他专门给王安石写了一封信，不遗余力地赞美少游："向屡言高邮进士秦观太虚，公亦粗知其人。今得其诗文数十首,拜呈。词格高下,固无以逃于左右,独其行义修饬,才敏过人,有志于忠义者,某请以身任之。此外,博综史传,通晓佛书,讲习医药,明练法律,若此类,未易以一二数也。才难之叹,古今共之,如观等辈,实不易得。愿公少借齿牙,使增重于世,其他无所望也。"王安石读了少游的诗文后,也赞他的诗如同鲍照、谢灵运一样"清新妩丽"。

伴随着东坡的极力揄扬,少游终于声名鹊起,在东坡鼓励下,他于元丰八年再次应举,并高中进士。元祐年间,东坡还朝,举贤不避亲,推荐少游出任太学博士一职,相当于大学教授。后来又任职秘书省正字兼国史院编修官,参与撰写《神宗实录》,也算是功成名就了。

这几年,东坡与少游等人齐聚汴京,苏门学士济济一堂,共同缔造了北宋文化史上辉煌的一页,西园雅集就发生在此期间。

可惜好景不长,哲宗亲政后东坡被贬,苏门弟子也随之遭殃。一荣俱荣,一损俱损,东坡兄弟和门生弟子们纷纷被贬,好在兄弟师生之间同声同气,彼此间的情谊并未因仕途失意而受损,反而越发坚固。四学士尽管受老师所累,却并无一句怨言,仍然对东坡敬重如初,东坡被贬惠州时,张耒特意派了两个人去送他,另外三位学生也仍然保持着密切的联系。

对比起来,曾为他们师生留下画像的李公麟,因惧怕被连累,在街上遇到东坡的家人都装作不认识,人情如此易变,世态如此炎凉,更显得他们师生之间不变的情谊是如此可贵,建立在利益之上的交情本就脆弱,而东坡和他的学生之间,是以文字相交,彼此志趣相投、灵魂相近,这样的情谊要坚固得多。

少游先是被贬至郴州,后迁至雷州,越贬越远,词也越写越悲苦,他总是借填词来怀念短暂而美好的汴京岁月,在词作中多次提到西园、西城、西池等,那时候,师友们夜饮鸣笳、雅集宴游,有华灯碍月、飞盖妨花,那是苏门学士的流金岁月,也是北宋文艺圈的流金岁月,可这样的岁月,就像流水一样一去不复返,抚今追昔,更叫人惆怅万分。

少游有一首《千秋岁》,正是写于贬谪期间:

水边沙外,城郭春寒退。花影乱,莺声碎。飘零疏酒盏,离别宽衣带。人不见,碧云暮合空相对。

忆昔西池会,鹓鹭同飞盖。携手处,今谁在?日边清梦断,镜里朱颜改。春去也,飞红万点愁如海。

往昔的荣华已随着春光一同逝去,金明池畔的花影莺声,西园之内的雅集宴会,都已幻成云烟,伴随着这天涯逐客的,只剩下"飞红万点愁如海"。

这泣血之作,引起了苏门中人的极大共鸣,如孔平仲作有《千秋岁·次韵少游见赠》("春风湖外")、黄庭坚作有《千秋岁》("苑边花外")、晁补之作有《千秋岁·次韵吊高邮秦少游》("江头苑外")、李之仪作有《千秋岁·用秦少游韵》("深秋庭院")等,可能是受少游影响,词风都异常凄婉,可以看作苏门师友们的同声一哭。

与少游隔海相望的东坡,也作了一阕和作《千秋岁·次韵少游》:

岛边天外,未老身先退。珠泪溅,丹衷碎。声摇苍玉佩,色重黄金带。一万里,斜阳正与长安对。

道远谁云会,罪大天能盖。君命重,臣节在。新恩犹可觊,旧学终难改。吾已矣,乘桴且恁浮于海。

和少游的原作相比,东坡的和作以刚健之气、不屈之志,矫正了原作的过分哀婉,朱刚称之为"贬谪文化的最强音"。身为老师,他是想借此作来勉励和警醒少游,不可过分沉湎于自哀自怜之中。

对东坡与秦少游、黄庭坚的比较,《冷斋夜话》有一段话说得极好:少游谪雷,凄怆,有诗曰:"南土四时尽热,愁人日夜俱长。安得此身作石,一齐忘了家乡。"鲁直谪宜,殊坦夷,作诗云:"老色日上面,欢情日去心。今既不如昔,后当不如今。""轻纱一幅巾,小簟六尺床,无客尽日静,有风终夜凉。"少游钟情,故其诗酸楚;鲁直学道休歇,故其诗闲暇。至于东坡,《南中》诗曰:"平生万事足,所欠惟一死。"则英特迈往之气,不受梦幻折困,可畏而仰哉!

一往情深的秦少游,将本就不多的生命力尽数倾泻在词作之中,更加快了他生命的流逝。宋哲宗元符三年(1100年)正月,哲宗崩,徽宗即位。五月下赦令,东坡和少游都被召还。返程路上,东坡六月二十五日过雷州，特地与少游相会。少游拿出自作的《挽词》给东坡看，东坡当时没有特别在意，还抚着他的背安慰说：人生有点忧患也是难免的，我自己也曾经戏"自为志墓文"，只是不敢让幼子苏过知道。

谁料分别不到两个月，少游行至藤州，竟突然卒于光化亭上，临终之前，少游向人索水，水端到面前，他还来不及喝，就微笑着视水而卒。

东坡闻此噩耗，悲伤得食不下咽，他还是不敢相信这个消息，急忙赶往藤州验证，到了藤州，少游的女婿范温已将他灵柩运走，东坡为不能当面吊祭而深以为恨。

少游死后，东坡痛惜不已，在给友人的信中，不止一次提及："其死则的矣，哀哉痛哉，何复可言。当今文人第一流，岂可复得。"（《与欧阳元老》）"少游遂死于道路，哀哉！痛哉！世岂复有斯人乎？"（《答李端叔》）"某全躯得还，非天幸而何，但益痛少游无穷已也。同贬死去太半，最可惜者，范纯父及少游，当为天下惜之，奈何！奈何！"（《答苏伯固》）

少游曾作"雾失楼台"一阕，东坡绝爱其尾两句，将"郴江幸自绕郴山，为谁流下潇湘去"书于扇上，时时悲叹："少游已矣，虽万人何赎！"

东坡和少游都是重情之人，东坡绝重少游，不仅是因为他有才，更因为他多情，但师生两人性格迥异，少游是"古之伤心人"（冯煦语），其人其词，都有种沉溺的气质，这成就了他词作的耽溺之美，但却严重损害了他的精神健康。面对挫折，少游容易沉溺于其中,他像一只吐丝的春蚕那样,一遍遍地咀嚼痛苦、回味痛苦,那些哀感顽艳的词篇,就是他吐出的情丝,转而层层缠绕住了他。东坡却深情而不溺于情,即使一时被困于逆境之中,他总能破茧为蝶,飞越出重重束缚之上。两人的本质区别,就在于情感上一个无法自拔,一个可以自拔。

少游死后不久,东坡即逝于常州,四年之后,黄庭坚逝于宜州,"文星落处天应泣",大宋那个星光熠熠的朋友圈,从此风流云散,文艺的天空,因再无巨星照耀,骤然黯淡了下去,再也不复往昔的辉煌。

异代知己：只渊明，是前生

美国汉学家比尔·波特最喜欢的诗人是陶渊明，他曾写过一本书叫《空谷幽兰》，描写的就是他深入名山寻找当今隐士的生活，这本书一度相当畅销，并吸引了很多人去终南山隐居，而在比尔心目中，最了不起的隐士就是陶渊明。

2012年左右，比尔无意中了解到一千年前的苏东坡原来是陶渊明的忠实粉丝，于是他踏着陶渊明与苏东坡的足迹，经扬州一路向南至惠州、雷州，直到天涯海角的儋州、琼州，再回溯到陶渊明的故里庐山，并最终写成一本书《一念桃花源》。

比尔总结说：是苏东坡重新"发现"了陶渊明。

这个总结没有错。

在东坡之前，陶渊明虽然算不得湮没无闻，但绝没有后来那么高的地位。这位被称为"古今隐逸诗人之宗"的东晋人，生前身后都称得上寂寞。

陶渊明在他生活的时代，是一个有点非主流的异类，没有进入到当时的主流名士圈，如果真的有个文坛的话，那么他是典型的"坛外人"，在远离文坛的庐山脚下默默种他的田、写他的诗，不为时人关注。钟嵘的《诗品》，将他的诗仅列为中品，萧统虽对他倍加赞赏，但他编撰的《文选》，仅选录陶诗八首、文一篇，数量远逊于谢灵运、颜延年等。

到了唐朝，李白、杜甫等虽然偶有提及陶渊明，但只是把他当成众多的前辈诗人之一，王维甚至嘲笑他："近有陶潜，不肯把板屈腰见督邮，解印绶弃官去。后贫，《乞食》诗云'叩门拙言辞'，是屡乞而多惭也。尝一见督邮，安食公田数顷。一惭之不忍，而终身惭乎？此亦人我攻中，忘大守小，不计其后之累也。"

陶渊明好比一块蒙尘的玉璧，一直要等到东坡出手擦拭掉上面的尘埃，才露出令人惊艳的光芒来。

和前人相比，东坡对陶渊明其人其诗可以说是推崇到了无以复加的地步，在给弟弟苏辙的信中说："吾于诗人无所甚好，独好渊明之诗。渊明作诗不多，然其诗质而实绮，癯而实腴，自曹、刘、鲍、谢、李、杜诸人，皆莫及也。"把陶诗放在曹植、李白、杜甫等人作品之上，可见在他心目中，陶渊明已经成了自己最崇拜的前辈诗人。

东坡爱陶渊明爱到什么地步呢？

他不管外任还是被贬，都随身携带一卷陶渊明的诗，《东坡题跋·书渊明羲农去我久诗》中就曾写道："每体中不佳，辄取读，不过一篇，惟恐读尽后，无以自遣耳。"只恨陶渊明流传下来的诗歌只有一百多篇，所以他相当珍惜，每次只舍得读一篇，唯恐全部读完了，就没有这么好的诗读了。

东坡对陶渊明的推崇，一个表现是"尽和陶诗"。苏辙在给他的《和陶诗集》作序时说:"古之诗人有拟古之作矣,未有追和古人者也。追和古人,则始于东坡。"东坡和陶,是从元祐年间到扬州为官时开始,写下的第一首和陶诗即《和陶饮酒》。

后来远谪岭海,他花了很大的精力,将陶渊明的所有诗作都追和了一遍,足足有一百多首,离开海南前,他写下了生平最后一首和陶诗《和始作镇军参军经曲阿》。

和诗就是一唱一和,东坡借着这种方式,与偶像陶渊明进行了一场穿越时空的对话。

这些和诗究竟写得如何?且看其中之一:

陶渊明《饮酒》之一
衰荣无定在,彼此更共之。
邵生瓜田中,宁似东陵时。
寒暑有代谢,人道每如兹。
达人解其会,逝将不复疑。
忽与一觞酒,日夕欢相持。

苏轼《和陶饮酒》之一
我不如陶生,世事缠绵之。
云何得一适,亦有如生时。
寸田无荆棘,佳处正在兹。
纵心与事往,所遇无复疑。
偶得酒中趣,空杯亦常持。

东坡本人是颇为得意的，他说："吾前后和其诗凡百数十篇，至其得意，自谓不甚愧渊明。"但后世对这些诗感冒的人不多，作家张宗子就坦白地表示，即使是身为东坡的粉丝，对这些和陶诗也读不下去。

东坡不仅自己和陶，还极力引领推荐亲友弟子们来和陶，苏辙在他的影响下，追和了几首陶诗，表示实在是难以为继，早早放弃了。但东坡身为文坛盟主，有了他的鼓与吹，不愁没有人应和，秦观、黄庭坚、张耒、李之仪等人纷纷加入了和陶的行列，一时间掀起了和陶的热潮，生前备受冷落的陶渊明变得炙手可热，"纷然一日满人目前矣"，直到东坡去世，还余波未息。

后人崇拜前辈诗人的现象并不罕见，比如李白很喜欢南齐的谢朓，王士禛说他"一生低首谢宣城"，但李白顶多就是在诗里念叨一下小谢的诗写得多么好之类，像东坡这样对陶渊明顶礼膜拜，如供奉神明一样供奉渊明于心灵之上的，实属罕见。他为何将如此多的心血和精力，花在追和一个并不知名的前辈诗人作品上？

答案很简单，因为他寂寞。

说东坡寂寞，可能很多人都不觉得，因为正如前文所述，他走到哪里都有朋友相伴。他可能并不孤独，但这不代表他不寂寞。顾随说，大凡文人，都有一点寂寞心。越是才华卓越、志向远大的人，越是会备感寂寞。东坡就是如此，尤其是随着欧阳修等先生的去世，他已经到了一个高处不胜寒的位置，朋友虽多，知音难求，围绕在身边的人，有谁懂得他内心的煎熬和纠结？

这种寂寞，在他的贬谪路上尤为深刻。当时被贬的都是荒僻之地，亲友间互通音讯的也寥寥无几，在贬地所交的平民朋友们虽然可以一同垦荒饮酒，但如何能够缓解他内心的寂寞？

放眼世上，何人是知音？既然人世间找不到，就去故纸堆里找吧。

就这样，他终于"发现"了陶渊明，也许渊明一直潜伏在东坡的心灵深处，可以前机缘未到，庙堂之上的东坡，和采菊东篱的陶渊明之间是有隔膜的，一直要等到他一贬再贬，等到他九死蛮荒，才会蓦然回首见渊明。

东坡和陶渊明真正结缘，还是始于黄州。

当他被放逐于这江畔荒城，在东坡贫瘠的土地上挥汗如雨时，陶渊明的样子再一次浮现在心底，这一次，阻隔在他们之间的那层隔膜彻底消失了，隔着数百年的光阴，隔着历史的尘埃，他和这东晋诗人会心一笑，永结莫逆。

> 梦中了了醉中醒。只渊明，是前生。走遍人间，依旧却躬耕。昨夜东坡春雨足，乌鹊喜，报新晴。
>
> 雪堂西畔暗泉鸣。北山倾，小溪横。南望亭丘，孤秀耸曾城。都是斜川当日景，吾老矣，寄余龄。

这首《江城子》正是写于黄州，元丰五年的春天，位于东坡之侧的雪堂落成，在世上遍觅知音不得的苏东坡，仿佛有灵光闪过心间，突然间领悟到"只渊明，是前生"。这黄州的东坡，和江西的斜川风光多么相似，而躬耕于此地的苏东坡，俨然就是一个再世的陶渊明。

杜甫说，"诗看子建亲"，那么对于东坡来说，则是"诗看渊明亲"。他看陶渊明，怎么看怎么亲切，陶渊明不为五斗米折腰的风骨，采菊东篱下悠然见南山的风神，都令他追慕不已，晚年他远谪海南，唯独带着陶渊明和柳宗元的诗集，视为南迁二友。

只有到了东坡这里，陶渊明的"另类"才得到了彻底的理解，王维指责陶渊明因小失大、不计后果，东坡却欣赏他的率真："欲仕则仕，不以求之为嫌，欲隐则隐，不以去之为高。饥则叩门而乞食，饱则鸡黍以迎客。古今贤之，贵其真也。"

若是渊明再世，也会认东坡为异代知己，陶渊明也好，苏东坡也好，于他们的时代来说，都有点"不合时宜"，因为不合时宜，所以深受孤立，也因为不合时宜，所以备感寂寞。东坡的那些和陶诗，是一颗寂寞心对另一颗寂寞心的回应，是两个真率不屈的灵魂，隔着时空今古一相接。作家张炜说他的和陶诗是"我注陶诗"，诚哉斯言。

黄庭坚早指出了两人的相似之处："彭泽千载人，东坡百世士。出处虽不同，风味乃相似。"又说东坡在岭南时"饱吃惠州饭，细和渊明诗"，惠州饭也许并没有吃得多么饱，但渊明诗确实是——细和了。

同样是粉丝，李白对谢朓的追慕只是浅层次的，他只是喜欢小谢诗歌的清丽动人，若论人品功业，他倒是更崇拜谢安，而东坡对陶渊明的追慕则是深层次的，他是把陶渊明当成了隔代但最知心的朋友，当成了自我借鉴和提升的偶像，"吾于渊明，岂独好其诗也哉？如其为人，实有感焉"。

东坡对自己人生的设计，起初和李白一样，也是想走功成身退这条路，在给同乡杨元素的一首词里，他明确抒发过这一志向："何日功成名遂了，还乡，醉笑陪公三万场。"

陶渊明不一样，他虽然也曾有过凌云壮志，但是想归隐就归隐了，就算家里没有一点积蓄，孩子们嗷嗷待哺，他还是毫不犹豫地辞了官，因为"冻饿虽切，违己交病"，在家种田，有可能挨饿受冻，出来做官，却违背了自己真率自然的天性，两相比较，他还是宁愿冒着冻饿的风险，也不愿意违背本性，他这么做，为的只是自己的心。陶渊明的伟大之处就在于，在还没有功成之前，他就选择了隐退，当别人还在渴望得到的时候，他已经选择了彻底放下。

欲仕则仕、欲隐则隐，也就是我们通常所说的拿得起、放得下，听上去不难，可执行起来很难，君不见，多少人徘徊在仕与隐之间，拿不起也放不下，即便洒脱如东坡，也未能免俗。

东坡说自己从小有麋鹿之性，和陶渊明一样。

他素来有归隐之志，还和弟弟苏辙相约早日辞官归故里，夜雨对床，共叙天伦。东坡深爱陶渊明的《归去来兮辞》，不仅亲自手书，还唱和过、隐括过，但他终于还是没有和渊明一样挂冠而去、归园田居。

究其原因，有时候是因为不得已。东坡先贬黄州，老年时又被贬岭海，在这贬谪期间，他是戴罪之身，相当于被软禁在流放之地，是不能随意辞官归去的。

更多的时候，则是放不下。东坡的用世之心远比陶渊明要强烈,官也做得比陶渊明要大得多,陶渊明只做过彭泽县令、江州祭酒之类的小官,顶多只能算是个芝麻官,他辞官的一个原因,就是心高气傲不甘沉沦下僚。东坡就不一样了,辉煌的时候为帝王师,担任过的最高官职是礼部尚书,属于正二品,离正一品的宰相仅是一步之遥,而且他当时执掌相权的呼声相当之高。

东坡并不是贪恋权位的人,这从他几次主动申请外任就看得出,但毋庸讳言的是,官做得越大,就越发增加了挂冠而去的难度,毕竟,舍弃区区一个彭泽县令,确实要比舍弃二品大员的权位要容易得多。再说以东坡名望之高,朝廷怎会放他归隐山林,连出守杭州,也是一再上书,才求得恩准。他放不下的东西太多了,高太后的恩情,身为长子的责任,兼济天下的志向,这些都让他没有办法抽身而去。

单纯站在隐者的角度来评判,比尔认为"苏东坡是失败了的陶渊明"。人生的最后阶段,苏东坡依然困于尘网。他只能在精神世界中追寻陶渊明勾画的桃花源,来浇心中块垒。即便是把生活过得诗情画意,一派田园之趣,可他终究不是自求归隐,心里总怀着无奈。

东坡晚年也深悔归隐之志不坚,导致误落尘网之中,一再被小人陷害,受尽坎坷诟辱,愈是后悔,就愈是觉得渊明之不可及,"平生出仕,以犯世患,此所以深服渊明,欲以晚节师范其万一也"。

陶渊明塑造了一个与世隔绝的桃花源,那里落英缤纷、芳草鲜美、屋舍俨然,白发垂髫并怡然自乐,引起了后世的纷纷猜测:这世上有桃花源吗？如果有的话，它到底在哪里？

对此，东坡的观点是："常意天地间若此者甚众，不独桃源。"（《和桃源诗序》）天下间类似桃源的地方非常多，不止一处。他认为桃花源不是仙境，而是人间，并以南阳菊水河畔和四川青城山的老人村为例，说明只要是与世隔绝、民风淳朴、水甘食简、人皆长寿的地方，都和陶渊明笔下的桃花源类似。这一见解令现代学者陈寅恪大为激赏，认为历代关于桃花源的论述，以东坡的最为精到。

再回到比尔的结论：在归隐这条路上，东坡确实是"失败了"，但不代表他的人生与陶渊明相比就是失败的。他在仕与隐之外探索出了第三条道路，那就是在现实中寻找桃花源。他被贬的三个地方，相对于中原和江南来说，无一不是偏僻蛮荒之地，可他却把诗情画意带到了这些地方，他将这些荒僻之地，变成了桃源胜境。

以黄州为例，后人提及黄州，首先浮现在脑海的就是东坡那些精妙绝伦的诗文，这个籍籍无名的江城，在他的笔下焕发出前所未有的美感，这里有大江东去，惊涛拍岸；有江上之清风，与山间之明月；有嫣然一笑竹篱间的海棠花；有庭下如积水空明，水中藻荇交横的承天寺；有山下兰芽短浸溪，松间沙路净无泥的沙湖道；有绕山好竹、细鳞鲜鱼；有与他一同在东坡垦荒的平民朋友。行走在黄州的沙湖道上，就如同行走在山阴道上，山川自相映发，使人目不暇接，这条路，实在是美不胜收，可以缓缓行矣。

这里和那个芳草鲜美、落英缤纷的桃花源有何区别？或者可以说，既然在这个与世隔绝的地方，可以远离一切纷扰，过上怡然自乐的生活，那么又何必再去苦苦寻觅桃花源？

东坡比谁都明白，桃花源不在彼岸，就在此岸，不在别处，就在此处。既然没有办法归隐田园，那就在心里修篱种菊。东坡晚年老眼昏花，看外边的一切景物都模糊了，连眼前的花都看不清楚了，但是不要紧，花已经种在了他的心里："浮空眼缬散云霞，无数心花发桃李。"他比只进入过桃花源一次的那个武陵人更幸运，因为他随身携带着一个桃花源，他在哪里，桃花就盛开在哪里。

我始终觉得，对于我们现代人来说，苏东坡可能比陶渊明更有借鉴意义。因为要放下一切去隐居谈何容易，但我们大可以像东坡一样，在心里开辟一亩田，种桃种李种春风。

第八章
关于生活——
修得一颗欢喜心

诗人虽老了,一颗童心不变,一点热爱依旧。对于苏东坡来说,只要还能饮上一杯清茶,那么生活不管有多清苦,也仍然去细细品味。

吃货东坡：人生有味是清欢

说到东坡留给我们的宝贵精神遗产，除了那些惊才绝艳的诗词文赋外，还有一大堆以他命名的美食。

什么东坡肉、东坡肘子、东坡豆腐、东坡羹、东坡鱼……据说和他有关的美食多达六十多种，作为一个中国人，你就算没有读过前后《赤壁赋》，也一定吃过东坡肉吧。

那时候还没有吃货两个字，不然的话，东坡肯定是当之无愧的大宋第一吃货，没有之一，在他的身上，生动地展现了一枚吃货的自我修养——敢吃、爱吃、会吃。

若论敢吃，就没有东坡先生不敢吃的东西。因为去过的地方多，走到哪就吃到哪，所以他简直就是一幅移动的大宋美食地图。我们可以跟着他的脚步一起寻味大宋，去打卡北宋时全国各地的美食。

作为一枚吃货，首先得胃口宽、胆子壮。论胃口之宽，天下鲜有人能与东坡匹敌，他是典型的吃嘛嘛香，杭邦菜的鲜甜、河南菜的厚味、鲁菜的浓郁、粤菜的清鲜，他都能够兼容并包。

一个人的口味往往是个性的表现，个性顽固的人在口味上往往也偏执，君不见那么多中国人去了外国还坚持带瓶老干妈，东坡就不一样，在吃的方面，他特别能够入乡随俗。杭州盛产鱼鲜，他就不亦乐乎地吃鱼生，吃河鲜，黄州遍山都是竹子，他就经常吃笋子，惠州荔枝最为美味，于是就"日啖荔枝三百颗"，海南别的没有，海鲜最多，他就尝试着吃生蚝。

在吃的方面，他是真的大肚能容，一张大嘴，吃遍了四方，直到垂垂老矣，他碰到新奇的美味，还是像孩童一样跃跃欲试。他要是开私房菜馆，保证比谭家菜之类更受欢迎，东坡这两个字，就是最好的活招牌，现在就有商家抢先注册了"眉州东坡"的商标，开成了全国连锁店。眉州东坡专营川菜小吃，这有点狭隘化了东坡先生的口味，他的私房菜单上可是川鄂浙粤各大菜系无所不包。

论胆子之壮，东坡先生也充分对得起吃货这两个字。众所皆知，现代作家汪曾祺也是一枚著名的吃货，但他有个遗憾，就是从来没有吃过河豚，到了晚年还在诗中说平生之憾是"不曾拼死吃河豚"。对比起来，东坡胆子要大得多，他是很喜欢吃河豚的，河豚这种东西，将极鲜与极毒融为一体，唐人陈藏器《本草拾遗》云："其入口烂舌，入腹烂肠，无药可解。"其实毒性大多在其肝、子、血中，若去除干净，烹饪得法，还是不会有事的。这种剧毒之物，偏偏味美无比，惹得众多食客拼死也要一试。

高阳在《古今食事》中写了个小故事，说东坡在常州时，爱吃河豚。有一士大夫家，烹制河豚有独到之处，想请大名鼎鼎的"苏学士"来尝尝看。东坡一听说是这等好事，二话不说就去赴宴了。待苏轼吃河豚时，家里老少妇孺都躲在屏风后面，想听"苏学士"

如何品评。即使挤得水泄不通，依旧鸦雀无声。

但见东坡一声不吭，埋头大嚓。当这家人相顾失望之际，原本已停筷的东坡忽又下箸，打了一个心满意足的饱嗝，说道："也值得一死！"屏风后面的人，听到无不大悦。从此，"也值得一死"成为了对河豚的著名品题。

"竹外桃花三两枝，春江水暖鸭先知。蒌蒿满地芦芽短，正是河豚欲上时。"小时候读这首诗以为是描写风景的，等到认识到东坡先生的吃货面目，才知道原来是描写美食的，憧憬着河豚欲上的东坡，多么像等待着羊肉串烤熟的我们，那一湾新绿芊芊的河水中，仿佛也混进了他垂涎欲滴的口水。多说一句，蒌蒿也是可以吃的，据古人所说，"生食之，香而脆美，其叶又可蒸为茹"。蒌蒿、河豚，再加上春江水暖中的那只鸭子，凑在一起就是一桌风味绝佳的春日宴。

胆大如东坡，也有吃不消的，在海南时，他在诗中说"土人顿顿食薯芋，荐以薰鼠烧蝙蝠。旧闻蜜唧尝呕吐，稍近虾蟆缘习俗"。海南人是中原士人眼里的南蛮子，天上飞的、地上跑的，像什么老鼠、蝙蝠、蛤蟆无所不吃，东坡也勇敢地尝试了一下，不过这次不是出于好奇，而是因为饥饿，他此时常有断粮之忧，肚子一饿，只得硬着头皮试试。

诗中所写的蜜唧，也就是以蜜饲养的小老鼠，唐代张文成《朝野佥载》记载："岭南獠民好为蜜唧，即鼠胎未瞬、通身赤蠕者，饲之以蜜，钉之筵上，嗫嗫而行，以箸挟取啖之，唧唧作声，故曰蜜唧。"看来广东以南的人都爱吃这个，蜜唧又有个名字叫"三吱",这里就不展开了,说实话,光看上面那段描述就令人作呕了,难怪连一向胃口好的东坡也消受不了。

东坡一生中几起几落,也曾权重一时,想想他在汴京生活了那么多年,而汴京"集四海之珍奇,皆归市易;会寰区之异味,悉在庖厨"(孟元老《东京梦华录》里的汴京,是当时的美食之都,吃货们的天堂,大街小巷遍布酒店,大型正店有七十二家,小酒店难以计数,类似"分茶""肉行""饼店"等)。

东坡是个懂得享受生活的人,这些酒楼饭馆估计没少去,此外还有各种酒宴歌席、饮饯应酬,在这样的美食之都待了那么多年,什么好吃的没吃过?要是换了别的人,可能早把口味都养得刁了,但东坡却不一样,他既享受得起金炊玉馔,又咽得下糟糠野菜,在他笔下出现得最多的,不是都城汴京的水陆珍异,而是贬谪路上的家常食物。

作为一枚吃货,他不仅喜欢品尝美食,更喜欢制作美食,在哪里都能因地制宜,发明出独具新意的创意菜。

在黄州,他穷得要去开荒,自然买不起昂贵的牛羊肉,不过没关系,他很快发现这里的猪肉味美而价贱,富人不屑吃,穷人不会煮,这看在他眼里简直是暴殄天物,于是细心研究,烹制出了一道别出心裁的红烧肉:

黄州好猪肉,价贱如泥土。

富者不肯吃,贫者不解煮。

净洗铛,少著水,

柴头灶罨焰不起。

待他自熟莫催他，

火候足时他自美。

这就是大名鼎鼎的苏式红烧肉，又称东坡肉。

其烹饪秘诀看来有三：一，食材要好，精选土生土长的土猪肉；二，用文火熬，这和《金瓶梅》中宋蕙莲用一根柴火烧出稀烂好猪头是同样的道理；三，要少放水，水放得多的话就成炖肉而不是红烧肉了。不是真正长期做菜的人，是写不出这么现身说法的诗的。现在眉山、徐州、黄州、惠州等地为了何处是东坡肉的发源地争破了头，从这首诗看来，黄州胜出的可能性要大些。

黄州在长江之畔，水产丰富，正合了东坡的意，他可是出了名的爱吃鱼，在给秦观的信里高兴地说，黄州物产真是丰富啊，鱼虾蟹便宜得简直像白捡的一样。他自创了一种煮鱼的方法："以鲜鲫或鲤治斫冷水下入盐如常法，以菘菜心芼之，仍以浑葱白数茎，不得搅。半熟，入生姜、萝卜汁及酒各少许，三物相等，调匀乃下。临熟，入橘皮线，乃食之。其珍者自知，不尽谈也。"

且试着翻译一下：将从长江上捕捞上的鲫鱼或者鲤鱼切成鱼片，放进冷水之中加少许盐浸泡，鱼肚里塞上鲜嫩的白菜心，加上数茎葱白，入油锅煎，切勿翻动鱼身，待煎至半熟，再加入用姜片、酒及萝卜汁调成的佐料少许，入锅蒸，等熟了出锅后，撒上一点点橘子皮，上桌，完美！

巧的是，我母亲做鱼时也是习惯先煎一下，再入锅蒸，不过蒸的时候还会放入紫苏,这和东坡放陈皮的道理是一样的,都是为了提香去腥,所以在看他这段描述时,真是倍感亲切,仿佛见到了东坡口角流涎的馋相,闻到了混合着陈皮和酒味的鱼香。

在惠州,日子更苦了,这里物品匮乏得市场上每天都只杀一只羊。在宋朝一般人是吃不起羊肉的,平江府的羊肉每斤卖到九百钱,而冬天的黄河鲤鱼每斤不到一百钱,一顿普通有酒菜的饭十钱也够了。因为羊肉太贵,连俸禄低的小官也吃不起。惠州市场那一只羊,达官贵人吃都不够,作为贬臣的东坡,官小人轻,抢不到也买不起羊肉,他就打起了羊脊骨的主意,让宰羊的小贩每天给他留点剩下的骨头,这和黄州猪肉一样,都属于没人瞧得上的。

羊脊骨骨多肉少,不过这难不倒一位有天分的厨师,他先将羊脊骨彻底煮透,再用酒浇在骨头上,点盐少许,用火烘烤,等待骨肉微焦,便可慢慢享用。东坡深谙饮食之道,所以才知道要通过长时间的熬煮,才能把粘在骨头上的碎香给煮化。

东坡特意写信给弟弟苏辙吹嘘说,羊脊骨微微烤焦之后,吃起来就像螃蟹一样鲜美,你吃了那么多鲜嫩的肥羊肉,却从来没有啃过羊骨头,怎么能明白这种滋味之美呢?又调侃说,自己是尽享羊脊骨之美,只是每次把骨头上的肉都啃光了,围绕在身边的那几只狗就很不开心了。谁能够想到,千百年后,原本除了东坡无人问津的羊脊骨居然变成了人见人爱的美食,并有了一个新名字叫羊蝎子。不过看起来苏式羊脊骨比羊蝎子更好吃些,因为多加了一道烤的程序,增添了一股焦香。

岭南虽然缺牛少羊，但漫山遍野都是丰美馥郁的水果，东坡最爱的就是荔枝，说它是果中尤物，四月初，他在惠州初次尝到此地的荔枝，立即创作了《四月十一日初食荔枝》：

> 南村诸杨北村卢，白花青叶冬不枯。
> 垂黄缀紫烟雨里，特与荔枝为先驱。
> 海山仙人绛罗襦，红纱中单白玉肤。
> 不须更待妃子笑，风骨自是倾城姝。
> 不知天公有意无，遣此尤物生海隅。
> 云山得伴松桧老，霜雪自困楂梨粗。
> 先生洗盏酌桂醑，冰盘荐此颓虬珠。
> 似闻江鳐斫玉柱，更洗河豚烹腹腴。
> 我生涉世本为口，一官久已轻莼鲈。
> 人间何者非梦幻，南来万里真良图。

诗中详细描写了荔枝的颜色、滋味，把荔枝喻为外披大红罗袄、内穿红纱小衫的海山仙姝，其肌肤莹白如玉，风骨倾城。诗中有小注："予尝谓，荔枝厚味高格两绝，果中无比，惟江鳐柱、河豚鱼近之耳。"拿荔枝和他最喜欢的江珧柱、河豚鱼相提并论，看来的确是真爱。

在广东生活过的人都知道，此时出产的荔枝叫三月红，品质并不算特别好，"火山荔枝，四月先熟，核大而味酸"。但就是这种核大而味酸的荔枝，已让东坡倍加赞叹了，荔枝以妃子笑最为闻名，但实际上味道和三月红差不多，真正美味的是桂味荔枝，核小而味甜，入口即化，无一丝酸味，若是东坡有幸尝到，怕是一天吃三百颗犹嫌不足了。

在海南，食无肉、病无药，一开始东坡也感觉日子快要过不下去了，但他很快就找到了肉的替代品，就是海边岩上随处可见的生蚝。生蚝外壳粗砺丑陋，肉质却鲜美丰厚。

东坡食蚝，有两种吃法：

一是酒煮："冬至前二日，海蛮献蚝，剖之得数升肉。与浆入水，与酒并煮，食之甚美，未始有也。"二是炙烤："取其大者，炙熟。正尔啖嚼，又益煮者。"前者的做法更为新奇，东坡创意菜的名单上，又多了一份酒煮生蚝，他对这种煮法也颇为自得，得意扬扬地提醒小儿子苏过不要嚷嚷开来，要是天下人知道了生蚝的美味，都争着抢着要跑到海南，就没法让东坡先生独享此味了。

现在看来，红烧肉、羊蝎子、烤生蚝都是大众所爱吃的美食，可在食不厌精的大宋，这些东西都属于上不了台面的微贱之物，没人爱吃，也只有东坡先生不嫌弃了。

一个好的厨子，总是能因地取材，以有限的食材做出丰盛的美味来。像《浮生六记》中的芸娘就"善不费之庖"，瓜蔬鱼虾，一经她手，就有意外之味，她被林语堂称为最可爱的女人，而苏东坡恰恰是林语堂心目中最可爱的男人，他俩的共同之处在于不花什么钱就能料理出一桌好吃的食物来。这一点东坡尤为可贵，厨房里的他简直是一个魔术师，具有化腐朽为神奇的魔法，原本被人嫌弃的食材一经他手，就成了令人食指大动的美味佳肴，再经他一打

call,更是名扬天下。

即使是最平常的食物,到了他手中也可以幻化出无穷的滋味来。比如他在海南曾研制出一道东坡羹:"东坡羹,盖东坡居士所煮菜羹也。不用鱼肉五味,有自然之甘。其法以菘若蔓菁若芦菔若荠,揉洗数过,去辛苦汁。先以生油少许涂釜,缘及一瓷碗,下菜沸汤中。入生米为糁,及少生姜,以油碗覆之,不得触,触则生油气,至熟不除。"

说白了,就是用大白菜、萝卜、荠菜切碎去汁煮成菜羹,不用鱼肉五味,却有自然之甘。川菜中有一道名菜叫开水白菜,和这道东坡羹有异曲同工之妙。

元丰七年,在经历了乌台诗案和被贬黄州之后,东坡与朋友刘倩叔同游南山,写下了一首《浣溪沙》:

细雨斜风作晓寒,淡烟疏柳媚晴滩。入淮清洛渐漫漫。

雪沫乳花浮午盏,蓼茸蒿笋试春盘。人间有味是清欢。

最后一句是东坡的知味之言,只有在备尝艰苦之后,才会发现,人世间最好的滋味就藏在那清淡的欢愉之中,寻常滋味,才是人生至味。

对于中国人来说,味是和道联系在一起的,百般滋味之中,蕴藏着人生之道。颠沛流离之中,东坡正是通过不断地尝试新味,开发新菜，来不断地拓宽自己的美食版图和人生境界。

东坡肉、烤羊脊、酒煮生蚝、东坡羹……一道道东坡创意菜，正是他饮食之道、为人之道的最佳载体，在吃的方面，他将苦中作乐的精神发挥到了极致，咬得菜根，则百事可为，如果一个人在艰难困苦的时候仍然能够懂得吃、热爱吃，再清贫的日子，也能够过得活色生香，如同一枚橄榄，苦过之后，就是无限回甘。

佳茗似佳人，薄酒可钓诗

中国人的饮茶之风，始于魏晋、兴于唐而盛于宋。

宋朝人有多爱喝茶？

王安石在《议茶法》中提到"夫茶之为民用，等于米盐，不可一日以无"，说明茶叶在那时候已经和大米、食盐一样是生活必需品了，一天都不可以没有。

皇帝爱喝茶，宋徽宗就亲自写了《大观茶论》，老百姓也爱喝茶，展开《清明上河图》，可以看到店面前许多茶桌子，宋朝人日常都爱品茶、煎茶、点茶、斗茶，以至于涌现出了精彩纷呈的茶百戏。

东坡，就是其中一个典型的茶痴。学者刘学忠说："宋代饮茶人生的典型代表是苏东坡。"

他确实是不可一日无此物。他爱喝茶，走到哪都要饮一杯茶，爱煎茶，流落到海南了还想着要去汲水来煮茶，爱写茶，光是和茶有关的诗就写了八十几首，爱谈茶，专门写了篇《叶嘉传》来以拟人化手法为茶叶立传，还亲手种茶、制作茶具，据说宜兴有一种提梁式紫砂壶就是他发明出来的，有个别名就叫作"东坡壶"。

第八章 关于生活——修得一颗欢喜心

茶痴东坡，尝尽了天下的好茶：

"白云峰下两枪新，腻绿长鲜谷雨春"，这是杭州"白云茶"。

"千金买断顾渚春，似与越人降日注"，这是湖州的"顾渚紫笋"。

"明月来投玉川子，清风吹破武林春"，这是福建的壑源茶。

"龙焙今年绝品，谷帘自古珍泉。雪芽双井散神仙。苗裔来从北苑"，这是建溪的双井茶……

茶对于东坡来说，功能堪称百效。可以解渴，走在路上渴了，最想喝的是茶，"日高人渴漫思茶"；可以提神，通宵办公，饮上一杯茶，顿时精力满满，"簿书鞭扑昼填委，煮茗烧栗宜宵征"；可以消腻，"每餐后，以浓茶漱口，口中烦腻既去，牙齿也得以日渐坚密"；可以养生，他在杭州时，有次一口气喝了七杯浓茶，感觉非常过瘾，还戏写了一首非常诙谐的诗，将茶的药用价值写入了诗中：

示病维摩元不病，在家灵运已忘家。

何须魏帝一丸药，且尽卢仝七碗茶。

但如果仅仅停留在解渴、提神、消腻、养生的层面，那么东坡饮茶，和我辈俗人何异？他饮茶的独特之处，在于饮出了情趣，饮出了真意。

茶中有风流。青年时期的东坡，向往的是"以雪水烹小团茶，使美人歌以饮",小团茶可是天下至珍之物,凡二十饼重一斤,一饼价值黄金二两,雪水烹小团茶,再佐以美人的歌声,这是风流到了极致的宋式浪漫,不知道妙玉用梅花上的雪水来烹茶,是不是受了东坡的影响。

茶中有豪情。壮年时期的东坡,喜欢的是"休对故人思故国,且将新火试新茶,诗酒趁年华",这首词写于"左牵黄,右擎苍"的密州时期,那时他正锐意进取,豪情万丈,喝茶也喝出了一种烈火烹油式的血气方刚。

茶中有闲趣。中年时期的东坡,谪居黄州,历经浮沉,能够在午睡醒来后喝上一杯家常的清茶,已感到莫大的满足。"好是一杯深,午窗春睡足",这首《寄周安孺茶》,一共一百二十句,被纪晓岚称赞为"东坡第一长篇,一气滔滔,不冗不杂"。

到了老年,东坡垂老投荒,在那物资贫乏的海滨之地,还是兴致勃勃地带着儿子苏过一起去觅取好水用来煎茶:

活水还须活火烹,自临钓石取深清。
大瓢贮月归春瓮,小杓分江入夜瓶。
雪乳已翻煎处脚,松风忽作泻时声。
枯肠未易禁三碗,坐听荒城长短更。

此时,他已经是年过花甲的白发老人,虽然说自己已经是心如槁木,但只要一写到钟爱的茶,就立刻满纸生机、涉笔成趣,"大瓢贮月归春瓮,小杓分江入夜瓶",写得何等有趣,东坡的煎茶秘诀,就藏在这首诗里,一是取活水,二是用活火,才能煎出声作松风、色如雪乳的好茶来。

诗人老虽老了,一颗童心不变,一点热爱依旧,对于东坡来说,不管在哪里,只要还能饮上这酷爱的一杯清茶,那么生活的滋味不管有多清苦,也仍然值得心平气和地去细细品味。

东坡什么事都随和,唯独对饮茶甚为讲究,水要源头活水,最钟爱的是金沙泉水,在杭州时常派童子专往金山寺挑水;茶具要洁净,他认为"铜腥铁涩不宜泉",最好用石壶烧水,因此才研制出了东坡壶。

与茶水与茶具相比,他更看重茶友,"坐客皆可人,鼎器手自洁"(《扬州石塔试茶》)可以说是他的饮茶理想。

东坡爱与人共饮,他留下的那些茶帖,都是绝妙好文。

一次,他请门生姜唐佐喝茶,专门写了个帖子:"今日雨霁,尤可喜。食已,当取天庆观乳泉泼建茶之精者,念非君莫与共之。"

在海南时,也给朋友赵梦得写过一个茶帖,邀他过来共饮:"旧藏龙焙,请来共尝。盖饮非其人,茶有语;闭门独啜,心有愧。"

由此可看出东坡的饮茶之道:他对待佳茗,就像对待佳人一样不忍辜负,上等好茶,专待识货的茶人来共饮,仿佛只有如此,才能不负此茶。再对比一下妙玉,请人喝茶还要依对方品级分个三六九等,贾母和刘姥姥享受的就是完全不同的待遇,东坡就不一样了,他珍藏的好茶,是要留给真正懂茶的人的,小小一杯茶里,折射出的是妙玉的俗，和东坡的不俗。

有一则小故事，将东坡的茶痴风貌刻画得栩栩如生：元丰四年，还是在黄州，诗僧参寥子远道而来探望东坡，两人终日饮茶作诗，甚为相得，有天晚上，东坡梦见参寥子作了首好诗，醒来后只记得其中一句是"寒食清明都过了，石泉槐火一时新"，东坡不解，问参寥子："火可以说新，但泉为什么也能说新呢？"参寥子解释说："民间清明有淘井的习俗，井淘过了，泉水就是新的了。"

九年之后，这个梦居然应验了！那时东坡任杭州知州，参寥子卜居孤山的智果精舍，东坡在寒食节那天去拜访他，只见智果精舍有一泉水从石缝间汩汩流出，是刚刚凿石而得到的，泉水清澈甘冽。东坡一行于是汲泉水，钻火，烹黄檗茶，茶香四溢中，东坡想起了九年前梦中所得的诗句，禁不住大声念了出来，在座的朋友无不称奇。感慨之下，他还作了一首《参寥泉铭》。

"石泉槐火一时新"，全无半点烟火气，这分明就是东坡于梦里想出的奇语，东坡写诗，每涉及茶时，总多奇思妙语，只有对茶钟爱之极的人，才能想得出"从来佳茗似佳人"的妙喻，后来有人将此句与另一名句"欲把西湖比西子"集为一联，"欲把西湖比西子，从来佳茗似佳人"，倒像是一副天生的绝妙好联。

与爱茶相比，东坡的爱酒显然更广为人知。

文人没有不爱喝酒的，但以酒中仙闻名的，李白排第一，东坡至少也能坐上第二把交椅。

李白斗酒诗百篇，喝酒以斗论，看来酒量甚豪。东坡就不一样了,他虽然是出了名的爱喝酒,其实酒量差得很。他自己说过,生平有三件事不如别人,分别是:下棋、喝酒、唱曲。又说"饮酒终日,不过五合",五合就是半升,也就是半斤,不到一瓶啤酒的量,这位酒仙的酒量真是小得惊人,从早喝到晚,通共就喝了半斤酒。

看看梁山泊的那些好汉吧,喝酒都是论碗的,武松打虎前,就一口气喝了三十碗酒,折合起来至少十二斤。这是小说里的人物,再说个真人的事,宋真宗时有个大臣叫石曼卿,外号"石五斗",是说他最多能喝五斗酒,一斗就是十升,如果我没算错的话,石曼卿的酒量,足足是东坡的一百倍!

宋朝人的酒量为什么这么惊人?

这可能是因为当时还没有蒸馏酒,大家喝的都是发酵酒,分为米酒、黄酒、果酒、药酒几类,大多只有十几度,以米酒为例,就是把米饭蒸熟放凉,拌上酒曲,让它发酵,数月之后,米饭都变成了酒糟,用酒筛过滤,放进坛子里密封起来。这种制作方法,有点像现代所喝的酒酿,我们湖南叫甜酒,这种甜甜的酒,我也能一顿喝上好几碗,别提武松了。

东坡倒也坦白,老老实实地自陈:"天下之不能饮,无在予下者。"而且他喝酒容易上头,戴建业就推测东坡和他一样一喝酒就脸红,有诗为证:"小儿误喜朱颜在,一笑那知是酒红。"

尽管量浅,一点都不影响东坡对酒的热爱:"予虽饮酒不多,然而日欲把盏为乐,殆不可一日无此君。州酿既少,官酤又恶而贵,遂不免闭户自酝。"

因为经常没钱买酒，于是催生了史上最著名的造酒实验家（林语堂语）。比起酒中仙这个美名，酿酒师这个名头可能更适合东坡，因为他对这项技术活实在是孜孜不倦。

东坡酿酒，跟他做菜一样，都是因地取材，无物不可以入馔，自然也无物不可以酿酒。

在黄州，道士杨世昌传授了他一种用蜂蜜酿酒的方法，东坡马上回去用蜂蜜加糯米进行酿制，他对自己的实验成果十分满意，还特意写了两首《蜜酒诗》送给杨道士，其中之一是：

真珠为浆玉为醴，六月田夫汗流沘。
不如春瓮自生香，蜂为耕耘花作米。
一日小沸鱼吐沫，二日眩转清光活。
三日开瓮香满城，快泻银瓶不须拨。
百钱一斗浓无声，甘露微浊醍醐清。
君不见南园采花蜂似雨，天教酿酒醉先生。
先生年来穷到骨，问人乞米何曾得。
世间万事真悠悠，蜜蜂大胜监河侯。

在惠州，他就地取材，用柑橘酿"橘子酒"，用桂圆（龙眼）酿"桂酒"，用荔枝酿"紫罗衣"酒；到了定州，他突发奇想，取松膏酿酒，取名"中山松醪"，并书《中山松醪赋》；被贬到海南，他以米麦水三者酿造"真一酒"，以天门冬汁液为酒曲，与糯米酿成有药性的米酒——天门冬酒。

东坡对自己的酿酒技术看来很引以为豪,还专门写了《东坡酒经》加以记载,全文三百七十七个字,记录酿造黄酒的过程,包含制曲、用料、用曲、投料、原料出酒率等,点出秘诀——"酿久者,酒醇而丰,速者反是,故吾酒三十日而成也。"比较起来,以厨神闻名的他倒是没写过《东坡食经》,可能他认为自己的造酒技术尚在烹饪技艺之上。

那么他这方面的真实水平究竟如何呢?肯定也是失败过的,比如他在黄州造蜜酒,尽管他把这酒说得香甜无比,但是亲朋好友喝了后都拉肚子了。不过这次失败一点不影响东坡酿酒的兴致,他马上投入到下一轮造酒实验中了,在造酒这件事上,他真是屡败屡战、毫不气馁。

酒可能酿得不怎么样,但东坡在营销方面的功力堪比李白,他太擅长给酒取名了,比如"罗浮春",一听就令人想起罗浮山的春色。他说喝过桂酒后有飘飘欲仙的感觉,"肌肤握丹身毛轻,冷然风飞同水行"。还有"中山松醪",多么清新高雅的酒名,广告词更是写得一绝,"味甘余而小苦,叹幽姿之独高",看了他的描述还非说这酒不好喝,那只能怪你不懂得欣赏这种幽姿独高的美酒了。

同样是酒徒,有些人喜欢独酌,像李白笔下的独酌场面就挺多的,比如"花间一壶酒,独酌无相亲",有些人则喜欢共饮,东坡就是这种,"天下之不能饮,无在予下者。然喜人饮酒,见客举杯徐引,则予胸中为之浩浩焉,落落焉,酣适之味,乃过于客。闲居未尝一日无客,客至则未尝不置酒,天下之好饮,亦无在予上者。"

因此他常说自己"不饮酒而喜酿",这么兴兴头头地酿酒,都是为了好酒的客人们啊,这就是东坡,见到别人喝酒喝得举座皆欢,他比自己喝还要开心。

至于东坡本人,虽然尝遍了天下美酒,其实对酒的品质不是那么挑剔的,他在《超然台记》中写道:"哺糟啜醨,皆可以醉,果蔬草木,皆可以饱。推此类也,吾安往而不乐?"吃酒糟、喝薄酒,都可以一醉,水果蔬菜草木,都可以充饥。以此类推,我到哪儿会不快乐呢?

他有个朋友叫赵明叔,家里穷又爱喝酒,不择优劣,但求一醉,常常说:薄薄酒,胜茶汤,丑丑妇,胜空房。东坡欣赏他的旷达,特意写了两首《薄薄酒》,姑录其一:薄薄酒,胜茶汤;粗粗布,胜无裳;丑妻恶妾胜空房。五更待漏靴满霜,不如三伏日高睡足北窗凉。珠襦玉柙万人相送归北邙,不如悬鹑百结独坐负朝阳。生前富贵,死后文章,百年瞬息万世忙。夷齐盗跖俱亡羊,不如眼前一醉是非忧乐都两忘。

难怪东坡这么爱喝酒,不过是图眼前一醉罢了,这和陶渊明喝酒一样,也是"期在必醉",既然喝一两合酒就可以一醉,何必喝个五斗三斗?既然薄薄酒也可以醉人,又何必非得喝金樽美酒?而且东坡饮酒很有节制,很少像李白那样酩酊大醉,读李白醉后的诗,总觉得满纸酒意就要破纸而出,而读东坡醉后的诗词,感受到的则是一种微醺的超然和快感。

酒的妙用,东坡在《洞庭春色》诗中说得很明白:"应呼钓诗钩,亦号扫愁帚。"

"持杯月下花前醉,休问荣枯事,此欢能有几人知,对酒逢花不饮,待何时?"月下花前一杯在手,有何愁绪都会一扫而空。

酒不仅可以扫愁,还可以钓诗,酒量号称天下倒数第一的东坡,却为我们留下了那么多酒后的名篇,传世的三百多首词作中,酒出现了九十多次。酒为他扫去了现实的困扰和忧愁,让他获得了凌驾于尘世之上的片刻超脱。

他的名篇《念奴娇·赤壁怀古》《赤壁赋》《水调歌头·明月几时有》都和酒有关,甚至出现了大醉的字眼。

奇怪的是,我们读这些他酒后的作品,并没有感受到酒气拂拂然而出,反而觉得踏入了一种超凡脱俗的澄明之境。即使他说自己大醉,我们感觉词里的他也是清醒的。

东坡的老师欧阳修有句名言"醉翁之意不在酒",东坡之意亦不在酒,也许他只是借酒之名,来忘却眼前的是非忧乐。读者们不要被他骗了,能写出"惟江上之清风,与山间之明月……是造物者之无尽藏"来,真不全是酒之力。

护花使者：只恐夜深花睡去

《红楼梦》里，湘云醉卧芍药裀堪称全书绝美的场景之一："果见湘云卧于山石僻处一个石凳子上，业经香梦沉酣，四面芍药花飞了一身，满头脸衣襟上皆是红香散乱，手中的扇子在地下，也半被落花埋了，一群蜂蝶闹穰穰地围着她，又用鲛帕包了一包芍药花瓣枕着。"

巧的是，那夜大观园众姐妹行酒令时，湘云掣到一枝花签，题着"香梦沉酣"四字，画着一枝海棠花，配的诗是"只恐夜深花睡去"。小促狭鬼黛玉在一旁见了，便打趣她说："'夜深'两个字，改'石凉'两个字。"

只恐夜深花睡去，正是东坡咏海棠的名句，而海棠，恰恰是他最爱的花。

说到这首诗，还是要从黄州说起。

元丰三年的春天，东坡初来黄州，寓居在定惠院里，那时的他常常一个人在院外的荒郊野岭里漫无边际地彷徨。突然有一天，在漫山杂乱的野花之中，他见到了一株海棠，如此明艳照人，在竹篱之间嫣然一笑，令满山的桃李都失去了颜色。海棠本是西蜀名花，有"花中神仙"之称,他一见之下如见故人,欣喜若狂。从那以后,每逢春日花开,他都会邀请朋友到花下小酌,在黄州的几年,年年如此。

对这株海棠,东坡可以说是爱得深沉,白天和朋友终日赏玩还不够,等到晚上了,还独自徘徊于花下不忍离去,有一天晚上,香雾蒙蒙,月光融融,他突发奇想,唯恐这娇美的花儿伴着夜晚一同睡去,便擎着红烛,贪看一晌:

东风袅袅泛崇光,香雾空蒙月转廊。
只恐夜深花睡去,故烧高烛照红妆。

"只恐夜深花睡去"已经够痴心了,谁承想后面再接一句"故烧高烛照红妆",更是痴绝,这燃烧的高烛,正是他爱花护花的一片心,他多么希望能借这烛光,留住海棠娇美的容颜,将韶光与春天一并挽留住,仿佛这红烛多烧一秒,他多看一眼,就能让海棠的花期多延续一秒,才能不辜负青春不辜负美。因了这份奇思与痴心,这首诗在众多咏海棠的诗中脱颖而出,如果东坡去大观园参加海棠诗会的话,一定会凭此诗夺魁,而抽到这句花签的湘云,恰恰是大观园中最像东坡的。

川端康成的散文中有一句话与此类似。

"凌晨四点,看到海棠花未眠"。不过细品起来还是不太一样。川端康成的这句话有种淡淡的哀伤,符合日本人"物哀"的传统,而东坡的诗基调则更为健康明朗,洋溢着一种天真烂漫的气质,设色也更为明丽。"看到海棠花未眠",是不期而遇,是在感伤花易凋零人易老;"故烧高烛照红妆",则是在主动守护,守护花开守护美,他要借这高烛,来挽住海棠不许谢。

像东坡这样的"花痴",只能诞生在宋朝,中国从来没有一个朝代像宋朝这样爱花成痴,那个朝代的文人都有一种日日花前常病酒的狂欢气质,人们爱花、惜花、赏花、簪花、插花、种花、卖花,生命因一场场盛大的花事而绚烂。汴京人的一天,是从卖花声中开始的,"是月季春,万花烂漫,牡丹、芍药、棣棠、木香,种种上市。卖花者以马头竹篮铺排,歌叫之声,清奇可听……最一时之佳况。"(孟元老《东京梦华录》)每当花时,满城俱是赏花人。有些城市还斥巨资举办万花会:"西京牡丹,闻于天下,花盛时,太守作万花会。宴集之所,以花为屏帐,至于梁栋柱栱,悉以竹筒贮水,插花钉挂,举目皆花也。"(《墨庄漫录》)令人想起日本京都樱花盛开时,人们也是携酒出游,甚至醉卧于樱花树下,这种花开时举城若狂的风俗倒和宋朝有所类似。

在这种风气中浸淫多年的东坡,爱花惜花的情结也更重了,他喜欢赏花,在汴京时去西园踏春,在杭州时去吉祥寺看花,在常州时为千叶牡丹盛开而欣喜;也爱簪花,"人老簪花不自羞,花应羞上老人头""腰鼓百面如春雷,打彻凉州花自开。沙河塘上插花回";更不忘到处种花,在黄州时,开荒之余不忘手种桃李数十棵,海南有个东坡湖,据说他刚到此处时种下了喜爱的荷花,得以欣赏一池莲开十里香的美景。

第八章 关于生活——修得一颗欢喜心

在他的诗词中,我们也可以看到四季花开,仿佛走进了一场万花烂漫的花会:

> 惆怅东栏一株雪,人生看得几清明——梨花
> 海南仙云娇堕砌,月下缟衣来叩门——梅花
> 一朵妖红翠欲流,春光回照雪霜羞——牡丹
> 野桃含笑竹篱短,溪柳自摇沙水清——桃花
> 水仙亦恐公归去,故遣双莲一夜开——荷花
> 自从此花开,玉肌洗尘沙——杏花
> 幽香结浅紫,来自孤云岑——瑞香花
> 君看此花枝,中有风露香——黄葵
> 溪边野芙蓉,花水相媚好——野芙蓉
> 簌簌衣巾落枣花,村南村北响缲车——枣花

东坡最擅长描写的,不是牡丹、寒梅那样的名贵之花,而是寻常可见的野花闲草,"竹外桃花三两枝",何等清丽;"簌簌衣巾落枣花",想不到枣花居然都能入词,而且写出来还这么美;"翻空白鸟时时见,照水红蕖细细香",俨然就是一幅宋朝画院最流行的工笔花鸟画;"惆怅东栏一株雪,人生看得几清明",千百年以来,描写梨花的,数这句最有神韵,在我有限的阅读经验里,只有一句现代诗差可比拟——"梨花的瓣子是月亮做的"(汪曾祺)。

东坡的咏花词,更是得花之神理,比如那首次韵章质夫的《水

龙吟》：

> 似花还似非花，也无人惜从教坠。抛家傍路，思量却是，无情有思。萦损柔肠，困酣娇眼，欲开还闭。梦随风万里，寻郎去处，又还被莺呼起。
>
> 不恨此花飞尽，恨西园、落红难缀。晓来雨过，遗踪何在，一池萍碎。春色三分，二分尘土，一分流水。细看来不是杨花，点点是离人泪。

此词一和，章质夫的原词不禁相形见绌，王国维在写《人间词话》时，比较了这两首杨花词之后，都忍不住说道："东坡《水龙吟》咏杨花，和韵而似原唱；章质夫词，原唱而似和韵。"

东坡的杨花词究竟妙在何处？

窃以为，妙就妙在他咏的不仅仅是杨花，而是借花喻人，所喻之人，正是被贬的自己，看上去是咏杨花，可处处都是他的身世之感、飘零之叹，随风万里的杨花和天涯沦落的他浑然融为一体。他这一生，身世浮沉雨打萍，就像零落成尘破碎成萍的杨花一样，春色三分，最后都化成了二分尘土一分流水。那点点离人泪，可以说是杨花所化，也可以说是他流下的。

东坡偶尔以花喻己，但更多的是以花喻美人。在他的诗词中，"美人是花真身，花是美人小影"，美人和花，常常交织在一起，比如这首《贺新郎·乳燕飞华屋》：

第八章 关于生活——修得一颗欢喜心

乳燕飞华屋，悄无人、桐阴转午，晚凉新浴。手弄生绡白团扇，扇手一时似玉。渐困倚、孤眠清熟。帘外谁来推绣户？枉教人梦断瑶台曲。又却是、风敲竹。

石榴半吐红巾蹙，待浮花浪蕊都尽，伴君幽独。秾艳一枝细看取，芳心千重似束。又恐被、秋风惊绿。若待得君来向此，花前对酒不忍触。共粉泪、两簌簌。

关于石榴，东坡的弟子黄庭坚有"榴红照眼明"之句，也是杰作。东坡的这首词里，对榴花的描写更为细腻，"秾艳一枝细看取，芳心千重似束"，一看就是写石榴的。但仅停留于此，还不能见东坡的手段，"待浮花浪蕊都尽，伴君幽独"，秾艳之极的石榴，却描摹得如此高洁出尘，这才是东坡本色。他笔下全无一点尘俗气，石榴也好、美人也好，都是冰肌玉骨、孤高绝尘的。"孤眠清熟""扇手一时似玉"，如此脱俗的玉人，在同时代其他词人的作品中是难觅芳踪的，东坡笔下的女性，都是有品格、有气质的高洁美人。

这首词背后还有个小故事，说是东坡在杭为官时，有一位官妓叫秀兰，天性黠慧，善于应对，一日，群僚们在西湖宴会，杭州的名妓们都来了，只有秀兰没到，催促再三才姗姗来迟。问她原因，她急忙解释说刚刚沐浴后睡着了，忽然听到敲门声急，忙从床上起来应门。东坡听了后马上就宽恕她了，同僚中却有一个人还是很生气，不停地诘问怒骂。时值榴花盛开，秀兰灵机一动，折了枝榴花在手软语央告此人，这人却更生气了。东坡为了缓和气氛，临席赋词一首，让歌女吟唱送酒，这位同僚才息了怒。这首词就是上面所说的《贺新郎》。

故事像是杜撰的，但也事出有因，因为东坡对女子一直呵护有加，像爱惜海棠一样爱惜生平遇到的那些女性，有人戏称他是"妓女之友"，这主要是因为他经常接触到的多是歌姬舞女，因为他而在史上留名的妓女就有周韶、马盼盼、李淇、琴操等，尤其是他和琴操、佛印三人，一个文人、一个妓女、一个和尚，成了话本故事中最常见的铁三角，他们仨斗嘴参禅的场面，和《铁齿铜牙纪晓岚》中乾隆、和珅、纪晓岚的名场面有得一比。

而李淇，则和上文提到的海棠沾上了关系，她是黄州有名的妓女，也算是色艺双绝，可东坡在黄州待了四年多，并没有为她写过一首诗。那时候的妓女，如果能获得一首才子学士赠送的诗词，身价必将大涨，在东坡离开黄州前的一次宴席上，李淇终于鼓起勇气，请东坡在自己的披帛上题诗，东坡乘着酒兴，挥笔就在披帛上题下了两句诗："东坡五载黄州住，何事无言及李淇。"在座的人都觉得这两句诗写得不知所谓，不免有点大失水准，正在这时，东坡大笑一声，接着又题了两句："却似西川杜工部，海棠虽好不吟诗（杜甫在成都从未写过海棠这种西蜀名花）。"众人这才恍然大悟，举座皆欢，李淇由此声名大振，东坡此诗的效应看来远远胜过现在的电视广告。

其实，不单是对这些风尘女子，东坡对于所有女性几乎都有种天然的尊重和怜惜，哪怕是萍水相逢甚至素未谋面的都心存爱重，与其叫他"妓女之友"，不如叫他"护花使者"。在那个女性普遍被忽视、被物化的年代,他难得地能够"看见"她们,因为他的"看见",也在诗词中留下了只此一家的女性群像。

他七岁时,遇到一个眉山老尼,说曾经跟随其师进入蜀主孟昶宫中,一晚大热,蜀主与花蕊夫人纳凉摩诃池上作一词,她听了后默默记下了并转述给了小东坡。很多年以后,东坡只记得前面两句了,就重填了一阕,这就是那首人人传诵的《洞仙歌》。花蕊夫人在历史上是有些艳名的,民间传说里后蜀灭亡后,她被宋太祖纳入了宫中。可东坡所写的《洞仙歌》,却一洗绮罗香泽之气,全无半点尘埃:

冰肌玉骨,自清凉无汗。水殿风来暗香满。绣帘开,一点明月窥人,人未寝,欹枕钗横鬓乱。

起来携素手,庭户无声,时见疏星渡河汉。试问夜如何?夜已三更,金波淡,玉绳低转。但屈指西风几时来,又不道流年暗中偷换。

在此之前词中的女性形象,大多像花间鼻祖温庭筠词中描写的那样香艳妩媚,"照花前后镜,花面交相映""扑蕊添黄子,呵花满翠鬟""转盼如波眼,娉婷似柳腰",美是足够美的,但她们的美丽似乎都只停留在外表上,美则美矣,毫无灵魂。

对比之下,才更衬托出《洞仙歌》的高标逸韵,如果说《花间词》中那些美人都是性感的,美得具体而微,而花蕊夫人的美则是灵性的，美得空灵绝尘。这种空灵之美来自留白，关于她的容颜气韵，全词仅仅只有九个字"冰肌玉骨，自清凉无汗"，可就是这九个字，足以抵得过曹子建一篇《洛神赋》，我们虽然不知道她是如何个美法，但只要一读这九个字，就会坚定不移地相信，她的美，绝对不会在翩若惊鸿、婉若游龙的洛神之下。

这首词还有一个特殊之处，就是词中这位花蕊夫人虽然是和孟昶一起出现的，但她是全词绝对的主角，孟昶在此的唯一作用是充当背景板，用来衬托她的冰肌玉骨。对流年暗中偷换的叹惋，也只能出自女主角，有种解析说她是在忧惧色衰失宠，这简直是看小了东坡，他绝不会让笔下的女主角沦为俗气的怨妇。

花蕊夫人在民间是类似于杨贵妃那样的祸国红颜形象，东坡却不管这些刻板印象，他把她塑造成了乱世中的美神，塑造成他心目中理想的女性形象，让这种美凌驾于纷争之上，甚至凌驾于时光之上。一千多年过去了，花蕊夫人留在历史上的痕迹已经越来越淡，而她在《洞仙歌》中的形象却越来越清晰，人们对她的初始印象，永远都是那九个字，"冰肌玉骨，自清凉无汗"，是东坡，看见了她的这种灵性之美，并使之永不褪色。

在另一首同样以女子为主角的词作《定风波》里，东坡又一次看见了女性之美：

常羡人间琢玉郎。天应乞与点酥娘。尽道清歌传皓齿。风起。雪飞炎海变清凉。

万里归来颜愈少。微笑。笑时犹带岭梅香。试问岭南应不好。却道。此心安处是吾乡。

关于柔奴的故事，前文已写过，不再赘述。作家潘向黎在《古典的春水》一书中认为词中的柔奴代表了古典诗词中女性美的巅峰：

"以梅花的清香写一个女子的微笑，以梅花的高洁脱俗写一个女子的气质和人格，我觉得这是中国古典诗词里写女性美，写得最高明、最美妙的一句。'笑时犹带岭梅香'，写出了女性的气质美、格调美，更写出了人生哲学的美，是抵达'人与天地参'境界的大美。"

和《洞仙歌》中的花蕊夫人一样，《定风波》中的柔奴也是这首词的绝对女主角，全词只在第一句提了下"琢玉郎"（王定国），其他的描写全部围绕柔奴来展开。东坡总是具有一双慧眼，在看见了花蕊夫人的灵性之美之后，他又看见了柔奴的人格之美。这位小女子，用她的微笑，用她愈加年少的容颜，也用她淡定的回答，彻底地折服了他，当她轻轻说出"此心安处是吾乡"时，想必东坡就跟少年时读《庄子》一样，惊叹"得吾心矣"，他在她身上，看到了另一个自己。

创作者笔下的人物，往往也寄托着他本身的人格追求和审美理想，写作有时是灵魂和灵魂的映照，花蕊夫人的冰肌玉骨映照出东坡的澄明心境，而柔奴的"此心安处是吾乡"则映照出东坡的安然自适。

这位笑时犹带岭梅香的女子，和黄州荒野间的那一株海棠一样,都历经千年仍被人们传诵。何处无海棠,何时无佳人?世上缺少的,是东坡这样真正懂得怜香惜玉的人,只有他,能发掘出她们独一无二的美。

第九章 关于归宿——修得一颗光明心

面对死亡，苏东坡异常平静，他自信死亡也不会令他坠落黑暗之中。他只愿以最平淡安详的方式无牵无挂地找到归宿。

南渡北归，心如明月

  春牛春杖，无限春风来海上。便丐春工，染得桃红似肉红。

  春幡春胜，一阵春风吹酒醒。不似天涯，卷起杨花似雪花。

——苏轼《减字木兰花·立春》

  海南的春天美吗？从这首词作来看，显然是美极了，可长久以来，它的美就如同一个养在深闺的少女，一直不为人知。

  直到这首词的写作者发现了它独特的美，显然，他被海南的春天震撼到了，这里的春天，不像汴京那样，是一步一步悄然走来的，而是就在一夕之间，春天就全面复苏了，春风浩荡、春花绚烂，无边春色在这海天之间涌动，顷刻就将人裹挟入汹涌而至的春意之中。

  在中国词史上，这是有史以来第一首热情赞美海南春天的"新春贺词"，短短四十四个字，竟用了七个春字，仿佛只有如此，才足以描摹出这海岛之春带给作者的无限欢喜，沐浴着从那海上而至的无限春风,哪里还像身处天涯海角呢?

这是元符二年,也是东坡来儋的第三年。前一年的春天,他还在给朋友的信中悲叹:"此岛中孤寂,春色所不到也。"大有"春风不度玉门关"之感。

春色到与不到,其实全在于人的心情,一年后,他已经从这异地他乡寻找到了新的熟悉感和认同感,和当地的黎族人民打成了一片,当春天再度来访时,黎族的百姓都手持犁杖,鞭打土牛,家家户户挂起了春幡,兴高采烈地迎接着春天的到来,我们童心未泯的诗人,也不禁加入这盛大的春日狂欢之中。

这一年,他已经年过花甲,却毫无颓唐之气,依然保持着开放的心态,就像一个天真的孩子,对这世界依然充满好奇,将所见所闻所思所想都化为笔底的烂漫春花,学生黄庭坚就称赞说"东坡岭外文字,读之使人耳目聪明,如清风自外来也",其诗文如此,其人亦是如此,自诩为老东坡的他,一生中从未停止过成长。

和过往一样,他又一次"反认他乡是故乡",似乎打算在这海岛上终老了。

尽管心安处即故乡,可这天涯游子,终究还是心有牵挂的。就在这一年的冬天,他做了一个梦,梦见前辈驾鹤而来,告诉他不日就将返回京城。梦醒之后,他惊喜万分,跟幼子苏过说:"我早预感到此生终不是海外民,我将写下生平六赋来占卜,如果没有错误,那就预示着要北归了。"他拿出纸笔一挥而就,果然一字不差,不禁大喜。

正月里的一天,正在黎子云家中喝酒,忽然一群五色鸟飞来,落到庭院里。东坡十分高兴，觉得自己的北归可能真的有戏。

元符三年正月十二，二十五岁的宋哲宗因病驾崩，因无儿子，由弟弟宋徽宗即位，神宗妻向太后垂帘听政，朝廷大赦天下，被流放到岭海的东坡兄弟等元祐诸臣纷纷被召回，世人都认为，这次应该轮到苏氏兄弟执宰称相了。一贯静如处子的苏辙这次表现得动如脱兔，迅速离开了雷州，十一月时已经抵达河南颍州。东坡却对住了三年的海岛不无留恋，五月赦令下达，他不忍马上离开，一直与岛上人民依依惜别。

六月，东坡打点好行装，准备告别谪居三年的儋州。邻居朋友纷纷携酒前来饯行，执手话别，泪眼婆娑："此与内翰相别后，不知何时再得相见。"

东坡情难自已，挥笔写下《别海南黎民表》：

我本海南民，寄生西蜀州。
忽然跨海去，譬如事远游。
平生生死梦，三者无劣优。
知君不再见，欲去且少留。

三年前黯然南渡的他，终于开启了他的北归。渡海时，突遇狂风巨浪，同行皆惊惧，他却充满自信和勇气地宣称："天未丧斯文，吾辈必济！"

六月二十日晚上，当海面又恢复了风平浪静之后，他和苏过终于成功迈出了北归的第一步，回望身后的海岛，他一夜无眠，思绪

如潮,写下著名的《六月二十日夜渡海》:

> 参横斗转欲三更,苦雨终风也解晴。
> 云散月明谁点缀?天容海色本澄清。
> 空余鲁叟乘桴意,粗识轩辕奏乐声。
> 九死南荒吾不恨,兹游奇绝冠平生。

前面四句一气呵成,行文之快意酣畅类似于杜甫的《闻官军收河南河北》,但杜诗中的狂喜是喷薄而出的,东坡此诗中的喜悦却是自然流出的,就像一个饱经沧桑的老人,对过往经历的一切只是淡淡道出,绝不得意忘形。他早已过了狂喜的年龄,经历了一番又一番风雨的洗礼,再回首时,终于迎来了雨过天晴,云散月明,天容海色犹如开辟鸿蒙时那般澄澈清朗。

可以看出来,北归路上的东坡,已和南渡前的他大不一样。"垂天雌霓云端下,快意雄风海上来",见识过南海的浩浩雄风和大海的壮阔无边后,心境、理念乃至意志、情感都更进入了一个新的领域,下笔也多了几分天风海浪的神韵。"九死南荒吾不恨,兹游奇绝冠平生",别人视为九死一生的经历,却被他当成了生平最壮丽的一次远游。

北归这一年,东坡的足迹贯穿了中国南部。渡海后,先是与秦观重逢于雷州半岛,由廉州,往永州(今属湖南),经藤州、梧州(今属广西),折返英州(今广东英德),过大庾岭,经今江西境内的虔州(今赣州)、庐陵(今吉安),过鄱阳湖,入长江,东行至当涂、金陵（今江苏南京）、仪真（今仪征）、金山等地，直至终焉之地的常州。

其中过大庾岭可以看作他北归途上的一道分界线，大庾岭，是唐宋文人的伤心岭，一旦贬官岭南，几乎意味着政治生命的终结，唐代诗人宋之问被贬经此时就写过一首诗说"阳月南飞雁，传闻至此回"，连大雁至此都打道回府，可见是如何有去无回。

东坡却创造了一个两过大庾岭的奇迹，七年前，他翻过此岭进入惠州，一身去国三千里，万死投荒整七年，七年后，他再次翻过此岭，在村店中休憩，遇到一个老翁，听说他平安归来时，都觉得是个奇迹，感叹说一定是上天在保佑善人。

东坡听完老翁的话，满怀感慨地在店中壁上题了一首诗：

《赠岭上老人》
鹤骨霜髯心已灰，青松合抱手亲栽。
问翁大庾岭头住，曾见南迁几个回。

后两句不禁令人想起刘禹锡的"种桃道士归何处，前度刘郎今又来"，此二老都是历老弥坚，虽久经弃置，一股倔强之意却仍然不改。

在江西虔州，东坡遇到了一个阔别已久的故人刘安世，刘安世是司马光最忠实的弟子，也是曾被东坡讥为"唯温是从"中的一分子，两人之前并不融洽，元符时期双双被贬。如今两人都获赦蒙召，同是天涯北归人，过往的恩怨早就一笔勾销。

东坡途经虔州时，因逢天旱船开不了，在这逗留了一个多月，常常和刘安世一起游山玩水。

刘安世年纪大了懒得爬山，东坡知道他喜欢参禅，就骗他说山中有个高僧叫玉版和尚，我们一起去找他谈禅论佛吧。刘安世听了欣然前往，到了一处山寺，山僧烧了春笋款待，刘安世觉得滋味甚美，就问东坡此笋何名，东坡哈哈笑道："这就是玉版和尚，此和尚善于说法，你不觉得它有禅悦之味吗？"刘安世才知道上了当，也大笑了起来。

这才是度尽劫波兄弟在，相逢一笑泯恩仇。这个时候的东坡，尚不知道他的生命已经进入了倒计时，一直到人生的最后一年，他还是保持着随时都要溢出来的幽默感，让千百年后读到此节的我们忍不住会心一笑。

在离开虔州之际，东坡写了两首次韵朋友的和诗《次韵江晦叔二首》，其二云：

> 钟鼓江南岸，归来梦自惊。
> 浮云时事改，孤月此心明。
> 雨已倾盆落，诗仍翻水成。
> 二江争送客，木杪看桥横。

"浮云时事改，孤月此心明"是诗中的名句，也是东坡的夫子自道。世间纷扰就像浮云一样变幻不定，但此心光明，皎洁如月，孤悬于江天之上，岭海七年的"苦雨凄风"只是将它打磨得更加一尘不染。

有人将之解读于任凭政治生活如何变化无常，这颗忠君爱国的心始终不变，这未免有所偏颇，东坡不是杜甫，也不是司马光，我愿意理解为这时的他已经明心见性，终于找回了自己的本来面目，一颗心如高悬之孤月般洁净明亮，外物的侵扰再也不能在它上面投射下半点阴影。

徽宗刚刚即位的时局，确实像浮云一样变幻。在幸存的元祐旧臣中，论声望之高、资历之深，非苏氏兄弟莫属。此番归来，人们对东坡的期待一如对当年的司马光那样，大有"安石不出，如苍生何"的气势。从亲朋到政敌，人人都以为东坡将会拜相，"初复中原日，人争拜马蹄"，所到之处，渐渐变得人接人送，前呼后拥。

不可否认，东坡从海南启程时，确实是有东山再起的政治期待，但行动力远不如弟弟苏辙那样强，而是慢悠悠地行走在中国南部，把北归当成了一次探亲访友之旅。旅途中朝廷对他的任命数度更改，显得相当摇摆不定。徽宗即位之后，改年号为建中靖国，很显然是想走调和路线，"左不可用轼、辙，右不可用京、卞"。

前路依然动荡，好在北归途上的东坡，早已看淡一切，"回望人世间，了无一事真"，既然济世之志难以实现，倒不如退耕山林，他多次向朝廷上书，要求"致仕"，最后朝廷终于同意了让他退休，并可以任选一处居住。他原本计划和弟弟苏辙在颍州偕隐，最终还是忍痛放弃了，因为颍州离汴京太近了，思来想去，他决定还是就在常州居住，这里可以远离朝廷的纷争。

这一年的五月中旬，东坡曾途经金山，并和朋友一起去金山寺游玩，在这见到了一幅李公麟为他所绘的画像。在汴京时，李公麟曾多次为东坡画像，遥想当年，西园雅集，众星荟萃，多少风流人物汇聚于苏门，如今归来，时移世易，秦观已逝，一众弟子都风流云散。

东坡见画感慨无比，自题一首六绝：

《自题金山画像》
心似已灰之木，身如不系之舟。
问汝平生功业，黄州惠州儋州。

已灰之木，典故来自《庄子》："形容可使如槁木，而心固可使如死灰乎？"不系之舟，也来自《庄子》："巧者劳而知者忧，无能者无所求。饱食而遨游，泛若不系之舟，虚而遨游者也。"

关于这两句的解读一直众说纷纭，有人认为是凄凉绝望之词，也有人觉得是超然了悟之作，其实何妨结合起来看，凄凉中不乏超然，绝望里蕴含了悟，这是一个饱经沧桑的老人对于自己一生的总结，回顾此生，悲欣交集，情绪当然复杂难言。

"问汝平生功业，黄州惠州儋州"，这是东坡对仕宦生涯的自嘲，可何尝不隐隐透着一股自豪？

论功业，东坡的仕途离圆满还差了一步，如果这圆满是以位极人臣作为标准的话。尽管他一度入翰林、为帝师，但时人对他的期许远不止此，他一应举就被看成"太平宰相"的候选人，起点极高，世人都觉得他原本可以在仕途上攀升至更高的位置，并为他没有当成宰相而叫屈。

如此真是看小了东坡,在总结平生功绩时,他对那些所谓的风光履历压根一字不提,而是更看重自己的贬谪生涯。

东坡被称为谪仙,传说中天上的神仙犯了错,就会被贬下凡间,直到历劫成功,才能重返天庭。与此类似,从黄州到惠州再到儋州,我们的坡仙何尝不是在历劫,谪仙每成功渡劫一次,法力就更高一层,而东坡每被贬谪一次,艺术功力就更进一层,人生境界也随之变得愈发开阔、丰厚、澄明而醇和。

"云散月明谁点缀?天容海色本澄清。"

"浮云时事改,孤月此心明。"

……

临近生命终点,他的人生已完全当得起"圆满"这两个字,人生处处是缺憾,东坡却把长达十年的贬谪生涯,当成了臻于至善的修行之旅,将仕途上、生活上的缺憾转化成了艺术上、人格上的圆满,他没有浪费自己与生俱来的才华,更配得上他所受过的苦难。

叶嘉莹在比较柳永和东坡时就指出,柳永的一生是矛盾和失意的悲剧,充满了生命落空的悲哀;而东坡则把儒家的理想和佛道的修养贯通、调和起来,终于完成了自己。

不必再为东坡抱屈,在回归天庭之前,这位谪仙在人间的此生已完成。

最好的告别是坦然面对死亡

如何面对死亡,一直是中国文人关注的终极命题。

陶渊明就曾写过一组诗《拟挽歌辞》,虚构了自己死后的场景,"亲戚或余悲,他人亦已歌"可以说是一语中的,尽管如此,他对死亡并不恐惧,反而安慰亲人不必过分悲伤,因为"有生必有死,早终非命促",所遗憾的只是"但恨在世时,饮酒不得足"。

建中靖国元年[①]的那个炎夏,东坡也将迎来这道终极命题。

一路舟行水宿,严重摧毁了他的健康,进入江苏境内时,时值六月,骄阳似火,热气蒸人,全家住在船上,狭小的船舱又闷又热,几乎喘不过气来。一天晚上他解衣露坐,贪风纳凉,同时大量饮用冰水。到了半夜,急泻不止,及至第二天,全身软弱乏力,疲惫不堪。

六月初三,因病痛不能安睡,还自嘲说:"某食则胀,不食则赢,昨夜通旦不交睫,端坐饱蚊子耳。不知今夕如何度?"尽管如此,他还是强撑病体,与晚辈米芾谈书论画,还结伴去东园游玩。

---

① 建中靖国元年即公元1101年。

米芾又设宴款待，东坡赴宴之后，病势陡然加重，胸膈作胀，继而全身高热不退，齿间流血。

告别米芾船过润州（今江苏镇江），他不顾病体未愈，亲自去祭拜堂妹小二娘，这是他幼时倾慕过的女孩子，回来之后，悲痛难抑，伤心痛哭了一场，可能更加伤了病体。

六月中旬，东坡终于乘船来到了常州，抵达的时候正是下午酷热时分，老友钱世雄赴城西亲迎，乡民闻之，上万人沿运河两岸尾随而行，欲一睹东坡的风采。"（东坡）着小冠，披半臂，坐船中。夹运河岸，千万人随观之。东坡顾坐客曰：'莫看杀轼否？'"

当年西晋著名的美男子卫玠来到南京时，时人早就耳闻他风神秀异，出来看他的人围得像一堵墙。卫玠本就弱不禁风，据说因此更加虚弱，不久后竟然去世了，被称为"看杀卫玠"。

花甲老翁苏东坡，论颜值肯定没有卫玠那么年少翩翩、宛若玉人，可论气质风度，肯定胜出卫玠不少。只是没料到，"看杀"二字竟一语成谶。

东坡上岸之后，寓居在孙氏馆里。此馆处于幽巷深弄之中，粉墙黛瓦，花木繁盛，馆中有一口古井，颇有后世园林的韵致。东坡很喜欢这里，还亲自种下了紫藤，至今仍然存活，后世因此将之称为"藤花旧馆"。

手植紫藤的时候，东坡已自知看不到来年紫藤花开的美景了。钱世雄每天都来住处看他，给他送药物和点心，陪他在病床上聊天，东坡感叹说："万里生还，不料要以后事托付你了。我与弟弟子由，自贬往海南后，就不得再见一面，倘若从此永诀，此痛难堪，其余都无所谓。"

又拿出随身携带的手稿嘱咐老友说："我前在海外，写得《易》《书》《论语》三部书稿，今天想要全部托付给你，希望不要拿给别人看。三十年后，会有知者。"钱世雄不忍见老友离世，特意花重金托人去买了一服"神药"，劝他试试看，东坡却拒绝服用。他认为自己命数已尽，不愿作此无用之功。

七月十八日，东坡自知时日无多，便把三个儿子都叫到病榻边来，对他们说道："吾生无恶，死必不坠（地狱）。"又叮嘱他们："至时，慎毋哭泣，让我坦然化去。"东坡应对死亡的态度，和陶渊明的"纵浪大化中，不喜亦不惧"何等相似。

七月二十日，自觉稍有好转，还叫苏迨、苏过二子扶他起床，试行几步，却不知这已是临终前的回光返照。

七月二十三日，径山寺长老维琳闻讯特来看望，东坡特手书一札与老友道别："某岭海万里不死，而归宿田里，遂有不起之忧，岂非命也！夫然，死生亦细故尔，无足道者。惟为佛为法为众生自重。"

万里归来，几经风浪，东坡早已看淡了生死，所以他才能淡然地表示"死生亦细故尔"，对于一个在世上已经得道的人来说，人人恐惧的死亡只不过是像回家一样平常。

七月二十六日，维琳来对东坡说偈曰：扁舟驾兰陵，目换旧风物。君家有天人，雌雄维摩诘。我口答文殊，千里来问疾。若以偈相答，露柱皆笑出。

东坡这时神志清明，口答一偈：与君皆丙子，各已三万日。一日一千偈，电往那能诘？大患缘有身，无身则无疾。平生笑罗什，神咒真浪出。维琳不懂"神咒"的典故，东坡说话已不甚利落，故索笔书曰："昔鸠摩罗什病急，出西域神咒三番，令弟子诵以免难，不及事而终。"

维琳劝他在佛法中得解脱，东坡却以鸠摩罗什临终前的故事作答，意思是天命如此，念神咒也解救不了，倒不如淡然处之。

这是东坡最后的绝笔。

七月二十八日，东坡耳力衰弱，几无听觉，然而神志仍然清明，维琳方丈在他耳边大声道："端明勿忘西方。"

东坡答："西方不无，但个里着力不得。"

钱世雄也大声喊："至此更须着力。"

东坡又答："着力即差。"

世雄再问："端明平生学佛，此日如何？"

东坡说："此语亦不受。"

东坡的回答，充分说明了他的佛学修养非同一般，维琳和钱世雄一味劝他多想想西方极乐世界，如此灵魂才能够飞升，他却对这一切都顺其自然、绝不强求。"着力即差"，凡事太过于执着，就落于下乘，临终之前，他已经彻底放下了"我执"。

苏迈含泪上前询问后事，东坡没有作答，就这样溘然长逝。

东坡去世时虚岁六十六岁，关于他的死因，历来的说法很多。

一说是中暑，在临死之前的两个月时间里，他"病暑暴下""疲病加乏"，已经到了"虚乏不能食，口殆不能言"，困卧不起的地步。发烧、拉肚子、呼吸困难、全身乏力。这些表现都是典型的中暑症状。

一说是痢疾，他出现了严重腹泻的症状，很有可能是感染了阿米巴虫，引起肠胃不适，偏偏他又贪凉饮冰，赴宴欢饮，这更加重了病状。

还有一说是用药不当。东坡本人也略懂医术，经常给自己配药，这次生病之后，他选了黄芪、麦门冬等几味药配下煎服，后世有医者分析说，他本来患的是暑热病，应该服用清热解毒的寒凉之剂，却始终迷信温补药，药不对病，以致伤生。

清代陆以湉在《冷庐医话》中分析东坡病情："病暑饮冷暴下，不宜服黄芪，迨误服之，胸胀热壅，牙血泛溢，又不宜服人参、麦门冬。噫，此岂非为补药所误耶？"

综上所述，东坡先是中了暑热，接着感染痢疾，又加上用药不当，才导致不幸丧生。

这只是致病的直接原因，埋藏在其下的，还有两个间接的原因：

一是当时恶劣的交通状况。古代交通不便，和电视剧里展现的不太一样，人们出行更多是依赖舟行而不是骑马，所以隋炀帝才不惜举倾国之力来开凿大运河，以方便他下扬州游玩。东坡北归，大多数时候走的也是水路，他可没有炀帝游扬州、乾隆下江南那样的优越条件，而是一家二三十口都挤坐在一艘小船之中。正当酷暑，舟中更是热气逼人，通风条件极差，他又生性怕热，只能靠饮用冰水等方式来物理降温，这样难免会生病。

古时的长途旅行对人是极大的考验，不少人在舟楫劳顿中因疲病交加而丧命。比如李清照的丈夫赵明诚，就是在逃往建康的船上中暑感染了痢疾，又连服温补之药才猝然去世的，死因与东坡极为相似。还有明朝时赵孟𫖯的夫人管道升，也是在夫妻双双乘船把家还的路上染病身亡的。

从海南至常州，东坡在路上整整漂荡了一年多，饱受长途奔波、风餐露宿之苦，他那时毕竟已年过花甲，早就消受不住，沿途中多次因劳累而病倒。

还有一个原因则是长久的贬谪生涯已经摧毁了他的健康。东坡认为自己的病是"瘴毒大作"，南方炎热潮湿，雾霾水气被称为"瘴气"。瘴气有毒，水土不服的人遇上了瘴气容易生病，岭海七年，东坡觉得自己早已中了积年瘴毒。瘴毒的说法未必科学，我们可以理解成多年缺衣少食、劳碌奔波的生活让他身心俱损，用现代医学的说法，就是长年营养不良，导致了身体虚弱，抵抗力大为下降，自然难以抵御病毒的侵袭。

东坡活了六十六岁，在那个年代还算长寿，但他年轻时身体强健，又一直非常注意养生，原本可以活得更久，可惜注定这一世"如鸿风飞，流落四维"，在辗转流离中匆匆走完了一生。

有关东坡去世前的记载，都显示出他在临终前相当平静，病危之时，他还沐浴更衣，换上朝服，然后"谈笑而化，湛然而逝"，在告别这个世界时，显得那样体面、洒脱而又富有尊严，仿佛只是去赴一场赤壁之下的清风明月之约，又仿佛只是回到了日夜思念着的故乡怀抱之中。"人生如逆旅，我亦是行人"，如今，写出这个千古名句的作者已经走完了他的旅程，坦然地走向了生命的终点。

"吾生无恶，死必不坠"，他这一生坦坦荡荡，无愧于心，深信死后必将不会坠入地狱，我们当然也抱有同样的信念。数百年之后，明朝心学大师王阳明在离世时，也自信地说出"此心光明，亦复何言"，两者的遗言不无相似之处，都是坚信这一生光明磊落，不负世人，不负此生，因此离开时才了无遗憾。早有学者指出东坡与王阳明的相似，"（阳明）学说非出于苏，而血脉则苏"。

北宋文坛最亮的一颗星就此陨落，同时代的人却仍然留恋着他的万丈光芒。

惊悉噩耗，常州市民在街头痛哭相告，纷纷涌向孙氏馆与东坡最后一别。次年，儿子们遵照他的遗言将东坡的棺木运往河南郏县，离常这天，运河两岸又竖起人墙，目送装载着灵柩的船只缓缓往西北而去。

天下人都为一代文宗的逝去而痛心，亲友们尤其如此。苏辙获悉兄长死讯后，痛哭失声，感叹"斯文难继"，并亲自为他挑选墓地，写下墓志铭。黄庭坚将老师的画像奉于室中，日日焚香祭拜，有人认为他和东坡声名相仿，他正色敬告对方："我只是东坡门下一弟子，怎么敢与老师相提并论？"

东坡生前性喜交游，朋友遍天下，等他故去后，三教九流都争着写文追悼，纷纷以他的朋友自居，明人董斯张戏言："大苏死去忙不彻。"可见他生平巨大的影响力。

但仅仅一年之后，情势就完全不同了。

宋徽宗改年号为崇宁，起复权相蔡京，蔡京重掌大权后，将曾经的政敌共三百零九人打成"元祐奸党",并在皇宫德殿门外竖立"元祐党人碑",将这三百零九人的姓名刻在碑上昭示天下。

东坡的名字赫然在列,他的著作被封禁,只要是石碑上刻有他的诗文或他的字的,都奉令销毁。直到崇宁五年,元祐党人碑突遭电击,徽宗才将东坡官复原职,并解除对他作品的禁令。

1127年,也就是靖康二年,北宋灭亡,徽、钦二帝被掳北上,据说金兵入侵的时候,还点名索要"大苏学士"的作品。这时,距离东坡去世已经二十六年,属于他的那个时代猝然落幕,以如此仓皇不堪的方式。南宋的高宗、孝宗都十分敬仰东坡,不仅将他的一个孙子苏符赐封高官,还追封他本人一个文忠公的谥号。

倘若东坡泉下有知,对这些身后的毁誉,估计都会一笑了之,我相信,与文忠公这个威仪赫赫的头衔相比,他本人应该更喜欢苏东坡这个朴实无华的名字。毕竟,天下的文忠公远不止一个[①],而那个笑口常开、大肚能容的苏东坡,却是世间绝无仅有、再难复制的。

---

① 以北宋为例,东坡的前辈欧阳修、富弼的谥号都是"文忠"。——作者注

坡仙：可供模仿的理想人格

现在，我们终于可以用文字来给苏东坡画一幅"像"了，正如一千个读者眼中有一千个哈姆雷特，那么一千个读者眼中也有一千个苏东坡。

林语堂在那本享誉海内外的《苏东坡传》中这样形容他："一个无可救药的乐天派、一个伟大的人道主义者、一个百姓的朋友、一个大文豪、大书法家、创新的画家、造酒试验家、一个工程师、一个憎恨清教徒主义的人、一位瑜伽修行者、佛教徒、巨儒政治家、一个皇帝的秘书、酒仙、厚道的法官、一位在政治上专唱反调的人、一个月夜徘徊者、一个诗人……"

俨然就是一个达·芬奇式的通才。

而李一冰眼中的苏东坡则是这样的："李一冰先生写《苏传》，不像林语堂看到的东坡，是横空出世、天才洋溢。他看到的东坡是狱中狼狈至极的东坡、虎口余生出狱后的东坡，是从苦闷中走向旷达自在、从现实接二连三的无情打击走向一而再、再而三的意志坚强与生命韧性的东坡。"（张辉诚语）

因为同样有过蒙冤入狱的经历，所以李一冰呈现的苏东坡偏于

"儒家",始终洋溢着一股敢于和命运搏斗的浩然之气。

祝勇眼里,他是"仅次于神的人",于坚笔下,他充分践行了"人充满劳绩,而又诗意地栖息于土地之上",王水照和朱刚的描述下,他是"中国人灵魂的工程师"。

其中,潘向黎对他的评价最得我心,她说东坡是"尘世间最接近神仙的人,是每个中国人都想与之做朋友的人"。

北师大教授李山说得更有画面感:"跟苏轼一发生关系,猪肉,变成了东坡肉,变成了美味;西湖,变成了西子湖;三个标志,变成了三潭印月,所以大家为什么喜爱他?你不能不喜爱他,他就是这么可爱。"

是的,谁能不喜爱苏东坡?

谁能不想和他做朋友呢?

他就是这么可爱啊。

毫无疑问,苏东坡早已经跻身于中国文学的最高殿堂,而他本人也常常以"鲁叟"(孔子)、箕子等先贤自比,但东坡的独特之处,在于他并没有活成一个传统的圣人,而是走出了一条非典型的成圣之路,也可以叫作修行之路。

东坡一生的成就可以从政治、艺术、人生这三个方面来展开评述,对于普通老百姓来说,前面两个领域只能高山仰止,可望而不可即,而他的人生模式或者说生活方式却是值得借鉴的。

苏门弟子秦观就曾说过"苏轼之道,最深于性命自得之际",康震也认为,与他光映千古的文学成就以及煊赫一时的政治成绩相比,东坡对中国人来说最大的意义是他创造了一种理想的人格,关于这种理想人格,康震用"诚意、正心、修身、治国、平天下"来概括。

老实说,这句话如果用来形容杜甫或者韩愈可能更恰当,还是不足以凸显出东坡真正独特的一面。儒家圣人都是可敬的,而我们老百姓一想起东坡来,首先浮现在脑海中的形象不是可敬,而是可爱。

东坡的可爱之处,在于他独辟蹊径,探索和践行了一种自得其乐的生活哲学,有道是"人生缘何不快乐,只因未读苏东坡",他把快乐这种因子注入了中国人的灵魂之中,正是这种特质让他在圣贤中独树一帜,令人们想起他来时脸上总会浮现出会心的笑容。

圣人们都是庄重的,而东坡则是快乐的。这种快乐,一半源自他的乐天知命,另一半源自他与生俱来的幽默感。

林语堂说他是个"无可救药的乐天派",怎么才能如此乐观呢?

郑骞在分析东坡词时说,东坡词旷,旷者能摆脱,就是善于从窄处往宽处想。人生有太多想不开,都因为爱从宽处往窄处想,想来想去,最后钻了牛角尖,如何摆脱得了无穷烦恼?

东坡不一样,生活如此之难,他却一笑而过,即使是把他摁进阴沟里,他也要从阴沟里仰望星空。一贬再贬,够苦了吧,他说不要紧,我正好可以去浪迹山水、吟风弄月,还说什么"此味甚佳,生来未曾有此适"。缺衣少食,够穷了吧,他说没关系,贱如土的猪肉炖炖也很美味,桄榔叶下住着也可以挡风雨,"凡物皆有可观。苟有可观,皆有可乐,非必怪奇伟丽者也。哺糟啜醨,皆可以

醉，果蔬草木，皆可以饱。推此类也，吾安往而不乐？"（《超然台记》）

每种境遇都有它的可乐之处，每道乌云都镶着金边，只要能够从窄处往宽处想，人生安往而不乐？

东坡当然不是全无烦恼，只是他快乐的阈值特别低，特别善于给自己找乐子，东坡式的快乐，是一种低成本、可复制的快乐。一朵海棠的盛开、一个有朋友陪伴的月夜、一场突如其来的春雨、一锅炖得香香的红烧肉，都可以让他感叹这世界真是太过厚待自己，"东坡居士酒醉饭饱，倚于几上。白云左缭，清江右洄，重门洞开，林峦坌入。当是时，若有思而无所思，以受万物之备，惭愧！惭愧！"（《书临皋亭》）

加缪说过："人不是活一辈子，不是活几年几月几天，而是活那么几个瞬间。"所以我们更加要多活出几个无限美好、无限欢喜的快乐瞬间，才足以抵挡人世间漫长的磨难和苦痛。

东坡活得快乐，还因为他身上难得的幽默感。纵观中国历史，具有幽默感的男人实在太稀缺。东坡生性诙谐，断然不肯板起脸来做道学家，而是追求起一种轻松愉快的活法，既是搞笑达人，又是大宋第一段子手，平时最喜欢的就是编排老朋友，给他们起外号、开玩笑。

陈季常，本是豪侠之士，只因为有些惧内，就被他写了一首诗讽刺说"龙丘居士（指陈季常）亦可怜，谈空说有夜不眠。忽闻河东狮子吼，拄杖落手心茫然"。让河东狮吼成了悍妻的代名词。

司马光，为人刚正不阿，认准的事十头牛都拉不回来，两人一争执,东坡就气得直呼他"司马牛"。

程颐,道学家的代表,东坡最不喜欢他,于是称他是"糜糟陂里叔孙通",意思是烂泥沼里爬出来的叔孙通。

刘攽,著名的史学家,因为生病眉毛胡子都掉光了,鼻梁也塌了,一天他们互相调侃取乐,东坡就笑他:"大风起兮眉飞扬,安得猛士兮守鼻梁!"

有时候因为太过"毒舌",得罪了不少人。但东坡只是喜欢诙谐,并无恶意,而且他不光爱笑别人,也爱自嘲,比如他就称自己是"糜糟陂里陶靖节",和他为程颐取的外号一个路数。而且晚年时,他的性格渐趋厚道淳和,一张快嘴不再像昔日那样刻薄,前文提到的北归路上,他以"玉版"之名邀刘安世去共品新笋之事是何等趣味盎然。

可能因为东坡太有幽默感了,世人嫌他说的段子还不够,还杜撰出了关于他的无数段子,在这些段子里,他和佛印、苏小妹等专以斗嘴为乐,令人解颐的是,我们在现实生活中以毒舌著称的东坡,在故事里却往往处于下风。

真要去看东坡的妙语,不如读读《东坡志林》,堪称段子集成,我常想,如果能仿照《世说新语》的体例,编写一本《东坡妙语》,一定也相当精彩。

圣人们大多有些压抑,而东坡则活得舒展。他很少压抑自己,崇尚自由自在,追求无拘无束,想做什么就大胆去做,想说什么就大胆去说,尽管一度因言获罪,还是不改耿直,他天性豪爽,不拘小节,和陶渊明一样"少无适俗韵,性本爱丘山",官场那种你争我逐、钩心斗角的生活本来就很不适合他，人家艳羡的仕途风光，他的感受则是"团团如磨牛，步步踏陈迹"，日复一日地重复着枯燥乏味的工作，怎不令人心生厌倦？

十年的贬谪生涯倒是将他从那种宛如老黄牛般忙碌不停的仕宦生活中解放了出来，在荒蛮偏僻之地、清风明月之间，他充分释放了自己的天性，浪迹于渔樵之间，行走于云水之畔，人生越来越开阔。虽然东坡从小就有治国平天下的济世之心，但是人总是拗不过他与生俱来的天性，很明显，与做一名朝廷命官相比，他更适合做一个江湖散人、文艺闲人。

人世间有千万种活法，和自己天性相宜的，就是最适合的活法。

人生有舍才有得，对于东坡来说，没什么比顺应自己的性情更重要，顺乎本性，就是身在天堂，为此不惜付出昂贵的代价，牺牲掉的是功名利禄，保全的则是真我本色。

《庄子》中说过一个庖丁解牛的故事，一般的厨师，每个月都要换一把刀，因为他们直接用刀对着骨头生削硬砍，而庖丁所用的刀十九年了，宰的牛也有几千头了，还是崭新得像从磨刀石上刚磨出来一样，因为他每次宰牛时都是将刀刃插进两根骨头的间隙中，这样才能够"游刃有余"。

喜欢《庄子》的东坡，一定从小就读过这个故事，没有人比他更适合来诠释这个词，他的人生越往后走，就越呈现出一种"游刃有余"的状态，这种状态，来自"技进乎道"，更来自那种难得的松弛感，他拿得起，也放得下，想得开，也看得淡，再大的事，也可以举重若轻，一颗心能够超然于名利得失之外，如新发之刃"以无厚入有间"，外界的压迫又如何能够伤害得了他？乌台诗案之后的东坡，眉目越来越清晰，性情越来越平和，在世事的翻云覆雨中，他最终守住了自己的本来面目，达到了从心所欲不逾矩的境界。

圣人们基本都高蹈出尘，而我们的东坡，却相当地接地气。

太过高雅的事物往往如阳春白雪，曲高和寡，但东坡的好处就在于能够做到雅俗共赏。

林语堂还写过一本书叫《生活的艺术》，里面大多是以明朝的文人生活为例，晚明那些才子，比如张岱、袁宗道①之类，确实是将生活的艺术践行到了极致，可太过极致，就容易走火入魔，读过张岱写的《闵老子茶》《湖心亭看雪》等文章就知道，要过上这么精致的生活成本实在是太高了，普通人难以企及。

都说东坡是诗意人生的典范，窃以为，诗意人生这几个字太笼统了，辋川里的王维、西湖畔的张岱活得何尝不诗意，可这种诗意太过于脱离群众了。

东坡的特别，就在于他将文人趣味融入了最寻常的生活中，实现了日常生活的艺术化和诗意人生的平民化。

对于他来说，诗意不仅流淌在松风、竹林和赤壁的月色中，同样也渗透在麦浪、枣花和红烧肘子的香味里。诗意不在远方，就在

---

① 袁宗道（1560—1600），字伯修，号玉蟠，又号石浦，湖北公安人，明代文学家。公安派的发起者和领袖之一，与弟袁宏道、袁中道并称公安三袁，反对复古拟古，主张从学生理，从理生文。

一点一滴的生活细节里，在困顿潦倒的每一天里，在东坡的劳作和沙湖道上的春雨里，在这活色生香的人间烟火气里。

我们爱东坡，不就是爱他这种烟火气吗？

中国的诗人里面，李白太仙气飘飘，杜甫总有点苦哈哈的，韩愈一身正气令人凛然生畏，李商隐过于小资，只有苏东坡，总是这么家常、亲切、平和，亲切得就像隔壁的邻居老伯，脸上总是带着笑，随时都会坐下来跟你一起吃炒豆瓜子，聊聊今年的收成。只是这个老伯，仿佛有种自带滤镜的魔力，你觉得普通不过的生活，在他的眼中笔下，却是如此诗意浓郁、美不胜收。

叶嘉莹曾经比较过两个"谪仙"，说李白是"仙而人者"，生来就属于那种不受任何约束的天才，可是他不幸落到人间，人间到处都是约束，到处都是痛苦，到处都是罪恶，就像一张大网，紧紧地把他罩在里边，他拼命地飞腾跳跃，可是却无法突破这个网罗。因此他一生都处在痛苦的挣扎之中。

东坡则是"人而仙者"，他本来是一个人，却带有几分"仙气"，因此他能够凭借他的"仙气"来解脱人生的痛苦。这和李白是完全不同的。

有人将东坡那些写于贬谪途中的作品与余华的《活着》相提并论，两者的本质却是大不相同。

在《活着》的韩文版自序中，余华这样写道：

> 作为一个词语，"活着"在我们中国的语言里充满了力量，它的力量不是来自于喊叫，也不是来自于进攻，而

是忍受,去忍受生命赋予我们的责任,去忍受现实给予我们的幸福和苦难、无聊和平庸。

这是典型的中国式活法,活着成了忍受,活下去成了活着的唯一目的。但这绝不是东坡式的活法。

东坡用一生告诉我们,人在活着之外,还可以活得美一点,活得快乐一点,活得舒展一点,活得诗意一点,只要心无挂碍,一地鸡毛的生活也能够开出花来。

生命的目的不是忍受,而是享受,这样的人生,才值得我们为之去追求。

附录

苏轼生平大事记

1037年　公历1月8日（农历十二月十九日）出生于四川眉山，祖父苏序，父亲苏洵，母亲程氏。

1039年　弟弟苏辙出生，字子由。

1042年　开始读书，知欧阳修、范仲淹文名。

1047年　祖父苏序卒。

1054年　娶妻青神王弗，是年苏轼十九岁，王弗十六岁。

1056年　与父亲苏洵、弟弟苏辙一同赴京应试。

1057年　苏轼兄弟进士及第，仁宗视为"太平宰相"候选人。四月母亲程氏卒于眉山，年四十八，父子三人回蜀奔丧。

1059年　丁忧结束，与父亲、弟弟携家眷乘船出三峡，过鄂入京。长子苏迈出生。

1061年　应制科试，入三等。赴凤翔府任签判。

1063年　宋仁宗崩，宋英宗即位，苏轼仍在凤翔任上。

1065年　二月奉诏还朝，五月妻王弗卒。

1066年　四月父苏洵卒，与弟弟苏辙护父丧返川。

1067年　宋英宗崩，神宗即位，苏轼在家服丧。

1068年	续娶王弗堂妹王闰之。
1069年	自蜀还京。王安石执政，推行新法。上神宗皇帝书，论新法之弊。
1070年	再上神宗皇帝书，论新法不可行，屡屡触犯王安石。弟弟苏辙赴陈州教授任。次子苏迨出生。
1071年	六月，欧阳修致仕。苏轼因与王安石不和，自请外任，奉命通判杭州。七月，至陈州，与弟弟苏辙会晤。九月，与弟弟苏辙赴颍州拜谒欧阳修，十一月到杭州上任。
1072年	三子苏过出生。七月，欧阳修卒。
1074年	杭州任期将满，因弟弟苏辙任齐州掌书记，请求出任密州知州。离杭前，王朝云始入苏家，年才十二。
1075年	任密州知州。
1076年	十二月离密州。
1077年	任徐州太守。
1079年	四月调任湖州太守，被控以文字谤讪朝廷，七月二十八日被捕，十二月定案出狱，贬为黄州团练副使。史称"乌台诗案"。
1080年	到达黄州贬所，初居定惠院，后迁至临皋亭。
1082年	在黄州，自号东坡居士。游赤壁，作《念奴娇》、前后《赤壁赋》。
1084年	迁汝州团练副使。五月，过筠州与弟弟苏辙一聚。七月，抵金陵，访王安石。
1085年	神宗崩，哲宗即位，太皇太后高氏垂帘听政，司马光辅

	政。苏轼复朝奉郎，知登州，旋召为礼部郎中。与司马光论役法，意见不合。除起居舍人。
1086年	在京师，任翰林学士知制诰。四月，王安石卒。九月，司马光卒。
1089年	自请外任，三月以龙图阁学士任杭州知州。
1090年	任杭州知州，疏浚西湖，建苏堤。
1091年	三月，召还京师，任翰林学士承旨知制诰，八月出任颍州知州。
1092年	在颍州任，二月移知扬州，九月以兵部尚书兼侍读召还，十一月迁礼部尚书。
1093年	八月，妻王闰之卒。九月任定州知州。
1094年	四月以讽斥先朝罪贬英州知州，未至，再贬宁远军节度副使惠州安置，三子苏过与妾朝云同行。
1096年	七月，侍妾王朝云病卒。
1097年	二月，长子苏迈来惠州探望。五月，责授琼州别驾昌化军安置。置家惠州，独与三子苏过渡海，赴海南儋州贬所。
1098年	在儋州。筑室，名桄榔庵。
1100年	哲宗崩，徽宗即位。六月，渡海北归。八月，秦观卒。
1101年	北返，至常州，病甚，上表告老，以本官致仕。七月二十八日，卒于常州。

阅读及参考书目

1. [宋]李焘:《续资治通鉴长编》,中华书局2004年版。
2. [宋]杨仲良:《续资治通鉴长编纪事本末》,北京图书馆出版社2003年版。
3. [元]脱脱:《宋史》,中华书局1985年版。
4. [清]王文诰辑注,孔凡礼点校:《苏轼诗集》,中华书局1982年版。
5. 孔凡礼点校:《苏轼文集》,中华书局1986年版。
6. 邹同庆、王宗堂:《苏轼词编年校注》,中华书局2002年版。
7. 薛瑞生:《东坡词编年笺证》,三秦出版社1998年版。
8. 王水照、朱刚:《苏轼评传》,南京大学出版社1998年版。
9. 王水照、崔铭:《苏轼传:智者在苦难中的超越》,天津人民出版社2000年版。
10. 林语堂:《苏东坡传》,百花文艺出版社 2000年版。
11. 颜中其:《苏东坡轶事汇编》,岳麓书社 1984年版。
12. 曾枣庄:《苏轼年谱》,陕西人民出版社1986年版。
13. 孔凡礼:《苏轼年谱》,中华书局1998年版。
14. 孔凡礼:《苏辙年谱》,学苑出版社2001年版。

15. 王水照：《苏轼研究》，河北教育出版社1999年版。
16. 曾枣庄：《苏轼评传》，四川人民出版社1984年版。
17. 曾枣庄：《三苏研究》，巴蜀书社1999年版。
18. 曾枣庄等：《苏轼研究史》，江苏教育出版社2001年版。
19. 朱刚：《苏轼十讲》，上海三联书店2019年版。
20. 李一冰：《苏东坡新传》，四川人民出版社2020年版。
21. 顾随：《苏辛词说》，北京出版社2015年版。
22. 叶嘉莹：《唐宋词十七讲》，北京大学出版社2017年版。
23. 刘少雄：《苏轼词八讲》，中信出版社2021年版。
24. 康震：《康震评说苏东坡》，中华书局2008年版。
25. 潘向黎：《古典的春水：潘向黎古诗词十二讲》，人民文学出版社2022年版。
26. 于坚：《在东坡那边：苏轼记》，江苏凤凰文艺出版社2021年版。
27. 衣若芬：《陪你去看苏东坡》，商务印书馆2020年版。
28. 张宗子：《书时光》，生活·读书·新知三联书店2007年版。
29. 祝勇：《在故宫寻找苏东坡》，湖南美术出版社2017年版。
30. 蒋勋：《蒋勋说宋词》，中信出版社2012年版。
31. 杨海明：《唐宋词史》，天津古籍出版社1998年版。
32. 袁行霈主编：《中国文学史》（第三卷），高等教育出版社1999年版。
33. 吴熊和：《唐宋词通论》，商务印书馆2003年版。